Mit drei Abbildungen

Titelbild: Höhlenmalereien in Lascaux, Südfrankreich

guenther h. klein

Der Allmächtige

Nachweis der Existenz Gottes

Impressum:

2. Auflage 2021

Herstellung und Verlag:

BoD – Books on Demand, Norderstedt

Satz und Gestaltung: $\LaTeX\,2_\varepsilon$

Alle Textrechte: © 2021 guenther h. klein

ISBN: 9783752689471

Printed in Germany

INHALTSVERZEICHNIS

3. Abbildungsverzeichnis

4. Literaturverzeichnis

Vorwort

Aufgabe des Buchs ist es, den Allmächtigen verständlich abzubilden. Das Buch geht von zwei bestimmten biblischen Sachverhalten aus. Es wird nicht von anderen Autoren abgeschrieben, was besonders bei Politikern verbreitet ist. Von einem Plagiat kann keine Rede sein.

Wenn man vom Allmächtigen ausgeht, fragt man sich, wie konnte und kann er Kriege, Revolutionen und Ungerechtigkeiten zulassen? Man meint, wenn es den Ewigen gäbe, dann müsste er in reale Dinge eingreifen. Wenn das geschehen würde, würde man an ihn glauben. Die allgemeine Meinung geht dahin, warum gab es einen Adolf Hitler oder sonstige Kriegsverbrecher? Warum griff der HERR nicht ein? Hat er jemals eingegriffen? Leider haben Menschen Demagogen und Kriegsverursacher zu allen Zeiten und Orten selbst eingesetzt! Ich versuche, so gut es geht, das Wort „Gott"zu vermeiden. Der Jude hat selbst nicht davon gesprochen.

Mein Buch gliedert sich in zwei Kapitel und einige Unterkapitel. Das erste Kapitel handelt von Philosophen, die sich, soweit sie es konnten, mit

Gott beschäftigt haben. Die Auswahl geschah sub-
jektiv. Das zweite Kapitel geht von den ersten Vers
der Bibel aus. Es hat mehrere Unterkapitel. Am
Buchende stehen verschiedene Verzeichnisse.

Das Titelbild zeigt Höhlenmalereien, die in Lascaux in Südfrankreich liegen. Das Bild wurde mit
Absicht gewählt. Man weiß so wenig über die
Zeit. Es gibt zeitliche Datierungen von 20.000 bis
30.000 Jahren, je nachdem welche Ein-bzw. Ausgänge gewählt wurden. Wir wissen nicht, wie das
Klima damals war (Steinzeit). Vielleicht war es
eisig kalt. Deshalb wird man in Höhlen Zuflucht
gesucht und gefunden haben. Es muss damals
auch große Tierherden gegeben haben. Man hat
man sich aus Fellen Kleider, Schuhe und Kopfbe-
deckungen angefertigt. Ging das Fleisch zu Ende,
ging man in die raue Wirklichkeit.

Zu dem Begriff „Höhlen" gibt es in der Bibel
ein vergleichbares Ereignis. Nach Genesis 19,30
haben sich im kanaanitischen Bergland Inzeste
zugetragen. Lot wurde von seinen beiden Töchtern
betrunken gemacht. Wein soll es in Höhle in Hülle
und Fülle gegeben haben. Den beiden Töchtern
wurden Söhne geboren. Diese sollen die Völker
der Ammoniter und Moabiter begründet haben.

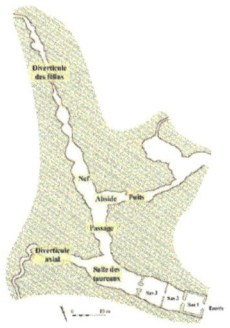

Abbildung 0.1. Verschiedene Ein- und Ausgänge

Metaphysik:

Es gibt ein Hauptweg, von dem zwei kleinere Wege abzweigen. Rein äußerlich gibt es keinen Unterschied. Groß prangt ein Schild an der Weggabelung:**Wege zum Paradies**.

Die Menschen, die einen Weg eingeschlagen haben, können nicht mehr zurückkehren, um den anderen Weg zu wählen. An der Abzweigung sitzt ein Mann auf einem Stuhl. Wir treffen ihn mit unserer Gruppe und fragen ihn, welcher Weg der richtige sei? Der Mann sagt: »Fünfhundert Menschen haben den rechten Weg gewählt und nur fünfzig den linken.« Unser Wortführer sagte daraufhin: »Wir wählen den rechten Weg, denn rechte Weg klingt nach dem richtigen.«

KAPITEL 1

DIE PHILOSOPHIE

»Was für eine Philosophie man wähle, hängt
davon ab, was für ein Mensch man sei; denn ein
philosophisches System ist nicht ein toter Hausrat,
den man ablegen oder annehmen könnte, wie es
einem beliebte, sondern es ist beseelt durch die
Seele des Menschen, der es hat«

Johann Gottlieb Fichte (1762-1814)

Philosophie heißt Liebe zur Weisheit. Sie ist aber
auch Geschichtswissenschaft. Sie erstreckt sich
über Vergangenheit und Gegenwart, über Länder
und Kontinente. Der chinesische Denker Konfu-
zius (551-479 v. Chr.) sagte, edel sei der Mensch
dann, wenn er sich in Harmonie mit dem Weltgan-
zen befinde. Die indische Philosophie (1500 v.Chr.)
macht Weisheit und Erlösung als Grundlage. Der

Buddhismus ist eine der großen Weltreligionen.
Im Gegensatz zum Hinduismus und den abrahami-
tischen Religionen hat sie mit Weisheit, Erlösung
und Logik zu tun – weniger mit dem einen Gott.

1.1. Plato

Der griechische Philosoph Platon, auch Plato genannt, lebte von 427 bis 347 .Chr. Sein Wirken lag
in der Blütezeit der griechischen Kultur. Seine Philosophie ist die Darstellung von der "Ideenwelt".
Das ist für Platon die Welt der Wissenschaft und
Wahrheit.

Sein Denken von der Schattenwelt und die Ideenwelt bleibt Philosophiegeschichte, enthält aber
einige Wahrheiten. Die Schattenwelt entsprach seiner Gedankenwelt. „Der Schattenwurf sei realer
Bestandteil der Welt", erläuterte er. Das zeigt er
an einem Beispiel. Es handelt sich um das Höhlengleichnis. Der Philosoph erläutert:

»Mit uns Menschen steht es wie mit Gefangenen, die sich in einer unterirdischen Höhle
befinden und von Geburt auf eine Bank ge-
fessel wären, so dass sie sich nie umwenden

und immer nur die dem Eingang gegenüber-
liegende Seite sehen können. Hinter ihnen,
dem Eingang zu, verläuft eine mannshohe
Mauer, hinter dieser brennt ein Feuer. Wenn
nun zwischen Mauer und Feuer Menschen
vorübergehen und dabei die Mauer überra-
gende Bilder, Statuen, Geräte usw. vorbei
tragen, dann werden die durch das Feuer entstehenden Schatten dieser Dinge auf
die Höhlenwand geworfen, und von dort-
her dringt auch das Echo der Laute, die die
vorübergehenden Menschen von sich geben,
an das Ohr der Gefangenen. Da diese Gefangenen nie etwas anderes vernehmen als
die Schatten und das Echo, werden sie diese
Abbilder für die Wirklichkeit halten. Könnten sie sich einmal umwenden und im Licht
des Feuers die Gegenstände selbst schau-
en, deren Schatten sie bisher sahen, und
könnten sie statt des Echos auch die Töne
selbst hören, so würden sie wohl sehr er-
staunt sein über die neue Wirklichkeit. Und
könnten sie aus der Höhle heraus und im
Sonnenlicht die lebendigen Menschen, Tiere
und die wirklichen Dinge selbst betrachten,

von der in der Höhle vorüber getragenen
Gegenstände ja auch nur Abbilder waren,
dann wären sie wohl ganz geblendet von dieser anders gearteten Wirklichkeit. Würden
sie aber den Gefangenen, die in der Höhle geblieben waren, davon erzählen, dass
das, was sie hören und sehen, gar nicht
die eigentliche und wahre Wirklichkeit sei,
dann fänden sie wohl gar keinen Glauben
und würden schließlich darüber auch noch
verspottet werden. Und sollte jemand den
Versuch machen, die Gefangenen zu befrei-
en und ans Licht der wahren Welt führen,
könnte es ihnen das Leben kosten. Wie die
Sonne im Reich des Sichtbaren allen Dingen
Sein und Leben und Erkennbarkeit verleiht,
so umgibt die Idee der Ideen im Reich des
Unsichtbaren allen Seienden Wesen Erkennbarkeit, Wahrheit und Wirklichkeit.«

Erst durch Licht und Schatten erkennen wir die
Dinge des Lebens. Es heißt in der Bibel mehrmals,
die Sonne hat sich verdunkelt. Nur drei Stellen
seien angeführt: Jesaja 13,10, wird das Licht nicht
mehr scheinen. Im Kap. 30,20 wird das Licht sie-

benfach leuchten. In der Offenbarung, Kapitel 9,2, verliert die Sonne ihren Schein.

Eine Besonderheit aus dem Leben Platos sei noch erzählt: Platon wollte seine ethischen und die politischen Ideale in die Praxis umsetzen. Er verfasste um 370 v.Chr. ein weiteres Werk mit dem Titel „Der Staat" (politeia). Er kam an den Hof des Herrschers Dionys I. Der Herrscher war aber zu schwach, um die politischen Ideen Platons umzusetzen. Anderseits neigte er zu willkürlichen Maßnahmen. Durch eine Intrige wurde Platon auf dem Sklavenmarkt von Aegina angeboten. Nur durch einen Zufall erfuhr Annikeris, ein Sokratiker der kyrenaischen Schule, davon und kaufte ihn los. Platon erwarb später einen Garten bei dem Heiligtum des Heros Akademos. Dort soll (um 387 n.Chr.) die erste europäische Akademie entstanden sein.[3]

1.2. Anselm von Canterbury

Der Benediktinerabt Anselm von Canterbury, geboren 1033, gestorben April 1109 in Canterbury, stand im Geist des Augustinus, dessen Lehre er im weitesten Sinne vertrat. Anselm wurde im italienischen Aosta, das nahe der französischen Grenze liegt, geboren. Daher wurde er auch Anselm von Aosta oder Anselm von Bec. (Zur Zeit, als es noch keine Nachnamen gab, setzte man dem Vornamen die jeweilige Ortschaft bei.) Sein Kloster Le Bec liegt in der Normandie. Als der damalige Erzbischof von Canterbury, Lanfrac, 1089 verstarb, wurde Anselm erst 1093 zum Erzbischof berufen. Auf Drängen seiner Freunde und Glaubensbrüder wurde er aufgefordert, eine Schrift zur Existenz Gottes zu verfassen. Man war schon damals über die Existenz den Allmächtigen im Zweifel. Er tat die Gottesbeweise zunächst in der so genannten **Proslogion** (Anrede). Er beginnt seine Ausführungen mit einem Gebet:

> »Also, Herr, der Du die Glaubenseinsicht gibst, verleihe mir, dass ich, soweit Du es nützlich weißt, einsehe, dass du das bist, über den nichts Größeres gedacht werden kann.«

• **Ich will nicht wissen, um zu glauben, sondern glauben, um zu wissen.**

Alleine schon die Anrede ist beachtenswert. Anselm stellt den Glauben in den Vordergrund. Er

meinte, ein jeder Mensch sei zum Glauben fähig.
Nicht das Wissen allein und das Denken macht
den Menschen aus, sondern vor allem der Glaube, d.h. die Hoffnung und Erwartung. Wer glaubt,
will verstehen, was er glaubt. Seine Glaubenssätze
zeigen seine tiefe religiöse Prägung.

Neben dieser kurzen Anrede trägt Anselm in
dem sogenannten **Monologion** (Selbstgespräche)
seinen ontologischen Gottesbeweis vor. Das geschieht mit der bereits bekannten Anrede: »Also,
Herr, der Du die Glaubenseinsicht gibst, wir glauben, dass Du das bist, über den nichts Größeres
gedacht werden kann.«

Es ist eine Meditation über das Wesen Gottes
und eine der am meisten diskutierten Aussagen
in der Philosophiegeschichte. Sowohl Thomas von
Aquino, Hegel, Kant u.v.m. haben sich mit den
Aussagen Anselms beschäftigt.

Im Mittelpunkt seiner Argumentation steht sein
Gottesbegriff: »Gott sei das, worüber hinaus nichts
Größeres gedacht werden kann« (id, quo nihil
maius cogitari potest), formuliert er.

Was sagt die Vernunft? [1] Sie findet in sich selbst

---

[1]Die Vernunft ist die Fähigkeit des Menschen, etwas mit
dem Verstand zu erfassen und es in die Praxis umzusetzen

das denkbar höchste Wesen. Mit Anselm beginnt ein neues Fragen: Was kann gedacht werden?

Anselm möchte einen fiktiven Tor widerlegen, der in seinem Herzen denkt, es gäbe keinen Gott. Zunächst führt Anselm aus, dass auch ein Tor, der die Existenz Gottes leugnet, zugeben muss, dass, wenn er den vorgelegten Gottesbegriff versteht, worüber nichts Größeres gedacht werden kann, dieser in seinem Verstand existiert (esse in intellectu), da alles, was verstanden werde, zuvor dem Verstand zugeführt sein muss.

Er widerlegte den Mönch Gaunilo, der darauf erwiderte: »Wenn ich mir eine vollkommene Insel denke, so folgt daraus nicht, dass sie existiert.« Immanuel Kant, der große deutsche Philosoph, argumentiert ähnlich: »Mit der Nennung einer Sache ist ihre Existenz noch nicht gegeben. Wenn ich mir 100 Taler denke, sind sie noch nicht da.«

Doch dies hatte Anselm auch gewusst und erwidert: Wenn ein Maler sich ein Werk ausdenkt, existiert es noch nicht, könnte aber bald existieren. Er fährt fort, dass der Maler eine Vorstellung von dem zu malenden Bild hat. Das gilt auch für das Beispiel mit der vollkommenen Insel. Er folgert daraus, dass damit der wahre Sachverhalt nicht getroffen werde; denn in der Idee Gottes liegt ein einzigartiger, unvergleichlicher Fall vor. Es liegt ein vollkommenes Wesen vor, welches alle Vollkommenheit notwendig einschließt. Eine vollkommene Insel hat aber immer nur eine Begrenztheit und Endlichkeit.

Nachdem Anselm seine Argumente dargelegt hat, dass das, worüber hinaus nichts Größeres gedacht werden kann, nicht nur existiert, sondern gesetzmäßig existiert, folgt zum Schluss seines Gottesbeweises noch ein Dankgebet. Anselm wollte nicht beweisen, dass Gott existiert, auch nicht im wissenschaftlichen Sinn. Er wollte einfach nur Dank aussprechen. Die Philosophie Anselms hat an Aktualität nichts eingebüßt. Wenn ein Mensch Gott mit Namen nennt, existiert er in seinen Gedanken.

Der Gottesleugner, der Atheist, nennt Gott mit Namen, um ihn zu widerlegen. Dennoch existiert er in seinen Vorstellungen Glauben heißt Hoffnung, Mut, Erwartung und Zuversicht haben.

1.3. Thomas von Aquin

Thomas von Aquin, wurde um 1225 auf Schloss Roc-
casecca bei Aquino in Italien geboren und starb am
7.März 1274 im Kloster Fossanova. Er war Domini-
kaner und einer der einflussreichsten Philosophen
und Theologen der Kirchengeschichte. Thomas ist
in seiner Wirkungsgeschichte nach ein Hauptvertreter der Philosophie des hohen Mittelalters, die
man Scholastik nannte[9].

Thomas war einer der einflussreichsten Theore-
tiker des mittelalterlichen Staatsdenkens. Dabei
sah er den Menschen als ein soziales Wesen, der in
seiner jeweiligen Gemeinschaft lebte. In dieser Gemeinschaft tauscht er sich mit seinen Artgenossen
aus. Es kommt zu einem Miteinander. Seine Lehre
wird kosmologische Gottesbeweise geheißen.

Seine Gottesbeweise umfassen fünf Wege.

Der 1.Weg: Aus der Bewegung

Der erste Weg (ex parte motus), der von Aristoteles stammt, geht von der Erfahrungstatsache
der Bewegung aus. Thomas argumentiert, dass
alles, was in Bewegung ist, von einem anderen
bewegt werden muss, da nichts aus sich selbst heraus bewegt werden kann. Da man in Abhängigkeit

vom Bewegten von Bewegern nicht ins Unendliche
gehen kann, muss man einen ersten Beweger annehmen. Diesen ersten Beweger heißen alle Gott.

Der 2.Weg: Aus der Wirkursache

Der zweite Beweisgang (ex ratione causea effi-
cientis) betrachtet die Wirkursache. Thomas sieht,
dass jede Ursache wieder verursacht ist. Dieser
Weg führt ins Unendliche. So kann eine unendliche Ursachenreihe letztlich nichts erklären. Man
muss eine erste Wirkursache annehmen. Sie heißen wir alle Gott. (Das Verfahren wird Regression
(Rückbesinnung) genannt.)

Der 3.Weg: Aus der Kontingenz

Unter Kontingenz verstehen wir Zufälligkeit,
Möglichkeit. Der dritte Beweis (ex possibili et
necessario) geht von dem Unterschied des blo-
ßen möglichen und des notwendigen Seins aus.
Thomas erklärt, dass alles Sein auch Nicht-Sein
bedeuten könnte. Demnach ist nichts notwendig,
alles ist von Potenzialität[2] durchdrungen. Daraus
folgt, dass dieses mögliche Sein einmal auch nicht

---

[2]Potenzialität ist die Möglichkeit, wirklich zu werden oder
einzutreffen. (Quelle: Duden)

seiend war. Gäbe es daher nur kontingentes Sein, dann wäre jetzt überhaupt nichts gegeben. Es gibt aber ein Seiendes, das notwendig ist zum Sein, entweder aus sich heraus oder von außen her. Da diese Abhängigkeit nicht bis ins Unendliche gedacht werden kann, kommen wir neuerdings zu einem Seienden, das von sich aus notwendig ist.

Die drei genannten Beweisgänge gleichen einander; sie werden nur als ein Beweis aufgefasst. Deutlich sind auch weitere Denker erkennbar. Hierzu zählt Aristoteles und Moses Maimonides (1138 - 1204). Er ist ein bedeutender, spanisch-jüdischer Philosoph, Arzt, Rechtsgelehrter und Gemeindeführer; eigentlich: Abu Imran Musa Ibn Maimun Ibn Ubaid Allah.

Der 3.Weg ist nicht klar durchstrukturiert, sieht man vom dialektischen Modus vom Sein und Nichtsein ab, das unausgesprochen mitschwingt.

Der 4.Weg: Aus den Seinsstufen

Dieser vierte Beweisgang (ex gradibus perfectionum) erblickt hinter einem Vollkommenen ein höchst Vollkommenes. Aristoteles nennt das Feuer als die höchste Wärmequelle, die sich nicht steigern lässt. Analog dazu heißt es bei Thomas: Das höchste Gute lässt sich nicht mehr steigern. Das

Gute liegt in der Rangordnung darunter. Und das höchste Gute nennen wir alle Gott.

Dieser Beweis geht auf Anselm von Canterbury zurück, der wiederum auf Augustinus verweist.

Der 5.Weg: Aus der Weltordnung

Dieser Weg (ex gubernatione mundi) gilt als der teleologische Gottesbeweis. Er sagte auch, dass die Denkmittel verschieden, die Aufgabe aber die gleiche sei. Er war durch die Stoa, eine der wirkungsmächtigsten philosophischen Lehrgebäude in der abendländischen Geschichte. Tatsächlich geht der Name - bemalte Vorhalle - auf eine Säulenhalle auf der Agora, dem Marktplatz in Athen, zurück. Dort hat Zenon von Kition um 300 v. Chr.seine Lehrtätigkeit aufgenommen. Ein besonderes Merkmal der stoischen Philosophie ist die kosmologische, auf die Ganzheitlichkeit der Welterfassung gerichtete Betrachtungsweise.[9]. Sein Denken ist anschaulich: Es gibt Ordnung und Zielstrebigkeit in der Welt. Daher ist eine höchste Intelligenz anzunehmen, die das bewirkt hat. Thomas hat abgelehnt, dass Gott unmittelbar gesehen werden kann. Seine Ablehnung und Verneinung der Sichtbarkeit Gottes sei besonders hervorzuheben. Thomas hat einen tiefen Eindruck in der abendlichen Welt hinterlassen. Er versuchte das, was geglaubt und gewusst wird, in Einklang zu bringen.

Bekannt ist auch sein (ens a se), was nichts anderes heißt, als: ‚Das durch sich selbst Seiende.‘ Deshalb zweifelt Thomas von Aquin in seinen religiösen Überlegungen nicht an Gott. Beim Menschen haben wir einen Sonderfall. Er ist ein denkendes, vernunftbegabtes Lebewesen.

Es gibt einen Unterschied zwischen Anselm von Canterbury und Thomas von Aquin. Er liegt nicht nur im unterschiedlichen Gottesbegriff, sondern auch in der Vorgangsmethode. Die Rede von Anselm: »Über Gott kann nichts Größeres gedacht werden«, hatte Thomas anderes zu sagen. Während Anselm von Gott direkt ausging, wollte Thomas Gott, nach den Regeln der Stoa, verdeutlichen. Dieses Verfahren, vom Allgemeinen zum Besonderen zu kommen, nannte man Deduktion. Für Thomas steht für das Gotteswesen und seine Existenz die Vollständigkeit in der Natur und in der Kosmologie gegenüber. Das Wort des Apostels Paulus an die Römer dürfte eine Rolle gespielt haben. Dennoch ist das Bemühen erkennbar, den Ewigen mit den Mitteln des Verstandes begrifflich zu machen. Er wollte auch sagen, was Gott nicht ist. Man könnte seine Arbeiten mit den Worten als „semantische Physik" umschreiben. Thomas ging vom Allgemeinen zum Besonderen aus. Beim Menschen haben wir einen Sonderfall. Er ist ein denkendes, vernunftbegabtes Lebewesen.

1.4. Blaise Pascal

Eine französische Größe ist der Mathematiker Blaise Pascal (1623 - 1662). Sein Gottesbeweis wird häufig zitiert Er schreibt:

>**»Wenn Du an Gott glaubst, aber Gott existiert nicht, so verlierst Du nichts, aber wenn Du nicht an Gott glaubst, und Gott existiert, so wirst Du in die Hölle geworfen. Deswegen ist es dumm, nicht an Gott zu glauben.«**

Vor rund 30 Jahren gab es die Programmiersprache namens Turbo Pascal.

Einer der bekanntesten deutschen Philosophen ist Friedrich Nietzsche. Er schrieb: »Pascal, den ich beinahe liebe, weil er mich unendlich belehrt hat, der einzig logische Christ.«

1.5. Baruch de Spinoza

Baruch de Spinoza lebte von 1632 bis 1677, portugiesisch: (Bento de Espinosa), latinisiert (Benedictus de Spinoza). Er wurde in Amsterdam geboren. Seine Eltern, jüdischer Herkunft, lebten in Portugal und zogen wahrscheinlich um 1623 nach Amsterdam, wo Baruch im Judenviertel geboren wurde. Acht Tage später, nach der Beschneidung, bekam er den Namen Baruch. Der Name heißt, übersetzt: Der Gesegnete. Der biblische Baruch war der Schreiber des Propheten Jeremia (Jeremia 45). Wie damals (und noch heute) üblich, wurden die Knaben in der Thora unterwiesen (Thora = die fünf Buch Moses). Das Ziel war es, zu einem Rabbiner ausgebildet zu werden. Als etwa 18-jähriger wird er in der Schule nicht mehr aufgeführt. Sein Vater starb 1654. Baruch musste als Ältester der Söhne die Handelsgeschäfte seines Vaters weiterführen. Zu dieser Zeit entdeckte er bei sich einen Widerspruchsgeist. Als wenig später die Geschäfte schlecht liefen, musste er Konkurs anmelden. Etwa zur gleichen Zeit kam er mit einer mennonitischen Gemeinde zusammen. Dort lernte Baruch Latein. Das befestigte seinen Widerspruchsgeist

weiter. Das Resultat war, dass er wegen angeblich
schlechter Manieren aus der jüdischen Synagoge
ausgeschlossen wurde. Zu dieser Zeit zogen aus
Portugal weitere Juden nach Amsterdam. Es waren
die Freidenker Juan de Prado und Manuel Ribeira.
Der Einfluss auf den jungen Baruch war beachtlich.
Als er seine Verteidigungsschrift nicht in Jüdisch,
sondern in Latein verfasste, musste er auf Betreiben der jüdischen Rabbiner Amsterdam zeitweise
verlassen. Wegen dieser Vorfälle vertrat Spinoza
bibel- und religionskritische Ansichten. Dennoch
kann er sich von der jüdischen Religion nicht gänzlich trennen. Sein Frühwerk, das als verschollen
gilt, trägt den Titel: **Kurze Abhandlung von Gott,
dem Menschen und seinem Glück.** Sein Hauptwerk ETHICA spricht eine deutliche Sprache. Die
Philosophie Spinozas ist eine Zusammenfassung
der Gedanken des 17.Jahrhunderts. Das ist eine
Konzeption des Gesamtmenschlichen unterteilt
in Logos, Ethos, Eros und Mythos. Nicht nur aus
diesem Grund gilt Spinoza als Pantheist. Das will
sagen: Gott ist die Gesamtheit der Natur; Gott,
Welt und Mensch ist ein Sein. Er schreibt weiter:
Unter Gott verstehe ich das unbedingt unendliche Wesen, das heißt die Substanz, die aus vielen

Attributen besteht, deren jedes ewige unendliche Wesenheit ausdrückt.[9] In einer anderen Abhandlung heißt es zur Substanz: »Darunter verstehe ich das, was in sich ist und durch sich begriffen wird. Diese Bedingung erfüllt nur Gott. Also gibt es nur eine einzige Substanz, die göttliche.« Seine Ansichten über die Seele lassen aufhorchen. Die Seele sei eine Modifikation Gottes. Der Leib und jeder Körper ist wieder ein Modus Gottes.[3]

Heinrich Heine schrieb:

»Wenn den Spinoza einst aus seiner altcartesianischen mathematischen Form erlöst und ihn dem großen Publikum zugänglich macht, dann wird sich vielleicht zeigen, dass er mehr als jeder andere über Ideendiebstahl klagen dürfte. Alle unsere heutigen Philosophen, vielleicht ohne es zu wissen, sehen sie durch die Brillen, die Baruch geschliffen hat.«

1.6. Immanuel Kant

Gotthold Ephraim Lessing (1729-1781) schreibt: »Kant übernimmt ein schwer Geschäfte, der Welt zum Unterrichte, er schätzt die lebendigen Kräfte, nur seine schätzt er nicht.«

Kant gilt als einer der größten deutschen Philosophen. Seine Philosophie nannte man später ‚Deutsche Aufklärung‘. Er wird auch heute noch gerne zitiert. Er stammte aus der ehemals preußischen Stadt Königsberg. Heute heißt die Stadt Kaliningrad. Kant wurde am 22.4.1724 dort geboren. Er lebte sein ganzes Leben in Königsberg , obwohl er Einladungen zu Vorträgen und Lehrtätigkeiten aus anderen Städten bekam. Kant verstarb am 12.2.1804 auch dort. Dazwischen lagen Jahre und Jahrzehnte der philosophischen Tätigkeit, obwohl es zunächst nicht danach aussah. Er stammte aus einer Handwerkerfamilie. Die finanziellen Mittel waren beschränkt. Seine körperliche Kondition wäre noch zu nennen. Der rechte Schulterknochen trat hervor, nicht sehr stark, aber sichtbar. Er sah zart und gebrechlich aus und das bei einer Körpergröße von nur 157 Zentimeter. Er war anders als seine Mitschüler. Das schien eine Voraussetzung zu sein für ein - doctor universalis. Im heutigen Kaliningrad steht ein Denkmal von ihm.

Zur damaligen Zeit war es üblich, Freunde und Bekannte zum Essen einzuladen. Man saß zusammen, unterhielt sich und speiste. Als Kant alt geworden war und eigentlich keine Essen mehr geben konnte, saß man dennoch zusammen und sprach miteinander. Schließlich waren seine Kollegen genauso alt wie er.

Zahlreiche Episoden gibt es zu Kant zu erzählen. Eine davon ist seine Pünktlichkeit. Man sagt, man hätte, die Kirchturmuhr nach ihm stellen können. so genau waren seine Spaziergänge. Sein Diener, ein ausgedienter Soldat namens Martin Lampe, weckte ihn um fünf Uhr mit preußischem Ruf: »Es ist Zeit!« Später trennte sich Kant von Lampe, als dieser zu sehr dem Alkohol zusprach. Kant formulierte: »Der Name Lampe muss endgültig vergessen werden.«[8]

Sein Gönner, Johann Schulz, fragte ihn, beinahe verzweifelt: »Fürchten Sie auch Gott« Er wollte sich vergewissern, ob Kant nicht allzu weit von der damals strengen christlichen Lehre entfernt war. Es ging darum, ihn weiter zu empfehlen. Dazu hatte er auch allen Grund. (Sowohl Kant als auch Heine standen auf dem katholischen Index; der Vorläufer der Inquisition.) Kant schrieb zum Streit der Fakultäten:

»Wenn Gott zu den Menschen wirklich spräche, so kann dieser doch niemals wis-

sen, dass es Gott sei, der zum ihm spricht.
Es ist a priori unmöglich, dass der Mensch
durch seine Sinne den Unendlichen fassen, ihn von den Sinneswesen unterschei-
den und ihn woran auch immer erkennen kann. Dass es aber nicht Gott sein
könne, dessen Stimme er zu hören glaubt,
davon kann er sich wohl in einigen Fäl-
len überzeugen, denn wenn das, was ihm
durch sie geboten wird, dem moralischen
Gesetz zuwider ist, so mag die Erschei-
nung ihm doch noch so majestätisch und
die ganze Natur überschreitend dünken;
er muss sie doch für eine Täuschung halten.«

Ob der Obertitel, Streit der Fakultäten, zutraf,
steht als Frage. Der Name **Fakultät** besagt Hoch-
schule. Vielleicht gab es eine Fachrichtung Theologie. Kant könnte an solchen Semestern teilgenom-
men haben. In der damaligen Zeit war der strenge
Pietismus in Königsberg und im Umland verbreitet.
Kant wurde darin erzogen. Er war ein feinfühli-
ger Mensch. Das AT sprach in den ersten Versen
von der Erschaffung der Welt. Auch sonst sprach

Gott wiederholt zu Propheten, Schriftgelehrten und zu Königen. Kant sagte, Gott spricht nicht zu Menschen. Solche Formulierungen können nicht bewiesen werden. Indem er das sagte, als er etwa 40 Jahre alt war, stellte er sich außerhalb der damaligen Religiosität.

Dennoch war Kant in Königsberg eine stadtbekannte Persönlichkeit. In Damenboudoirs, private Zimmer einer Dame, lagen seine Schriften aus. Es war nicht selten, dass sich ältere Damen in Cafés trafen, um sich mit der Kant'schen Philosophie zu beschäftigen. Man weiß nicht, um was es dabei ging, jedenfalls fand Kant bei Damen einen nicht geringen Anklang. Die Aussage Kants: »Habe Mut. Bediene dich deines Verstandes«, waren Aussagen, die für die Allgemeinheit bestimmt waren und noch heute gelten. Seine philosophischen Werke:

- **Kritik der reinen Vernunft**
- **Kritik der praktischen Vernunft**
- **Kritik der Urteilskraft**

Das Wort, Kritik, besagt Urteilsfähigkeit oder Unterscheidungsvermögen. Das Wort, Vernunft, hatte damals einen anderen Klang als der heutige. Man könnte es als Einsicht und Besonnenheit definieren, wobei das Gewicht auf Besonnenheit zu legen ist. Eine Satz Kants, der Jahrhunderte überlebte und für allerlei Spott gesorgt hat, ist der kategorische Imperativ:

»Handle nur nach derjenigen Maxime, durch die du zugleich wollen kannst, dass sie ein allgemeines Gesetz werde.«

Kant stellte vier Fragen:

- **Was kann ich wissen?**
- **Was soll ich tun?**
- **Was darf ich hoffen**
- **Was ist der Mensch?**

Der Philosoph Arthur Schopenhauer (1788-1860) sagte zum Kategorischen Imperativ: Durch ein, Du sollst und ein Befohlen muss sein, hatte er eine Sklavenmoral erdacht. Der Dichter und Spötter Heinrich Heine formulierte:

»Der alte Lampe muss einen Gott haben, sonst kann der arme Mensch nicht glücklich sein – der Mensch soll aber auf der Welt glücklich sein – das sagt die praktische Vernunft – meinetwegen – so mag auch die praktische Vernunft die Existenz Gottes verbürgen. Infolge dieses Arguments unterscheidet Kant zwischen der theoretischen

Vernunft und der praktischen Vernunft, und
mit dieser, wie mit einem Zauberstäbchen,
belebte er wieder den Leichnam des Deis-
mus, den die theoretische Vernunft getötet.«

Die Ideenwelt Platons war für Kant ein Anschau-
en als ob. Dass brachte ihm den Ruf ein, er sei
Atheist. Man setzte seine Schriften auf den Index.
Die Werke wurden in Hessen verboten. Auch in
Heidelberg, der altehrwürdigen Universitätsstadt,
wurde ein Professor abgesetzt, der es gewagt hatte,
über Kant zu lesen.

Die preußische Regierung schrieb an die Königsberger Verwaltung folgenden Brief: [7]

**»Deß ungeachtet sind Wir nicht weniger
entschlossen, den Magister (Magister besagt Lehrer oder Meister) Immanuel Kant
zum Nutzen und Aufnehmen der dorti-
gen Akademie bei einer anderweitigen
Gelegenheit zu placieren.«**

Es zeigte sich der Aufstieg des Königsberger Philosophen. Mit den Jahren hatte er eine Popularität
erlangt, die der Anlass zur weiteren Ausbreitung
seiner Schriften war. Als er am 12.2.1804 verstarb,

hatte er ein Werk hinterlassen, das ihn zum größten Denker des Abendlandes werden ließ. Kant
formulierte Gottesbeweise.

- **Ontologischer Gottesbeweis**
- **Kosmologischer Gottesbeweis**
- **Teleologischer Gottesbeweis**

Der Begriff Ontologie stammt aus dem Altgrie-
chischen und bedeutet „Lehre vom Seienden".
Ontologen befassen sich nicht nur mit greifbaren
Dingen und deren Wesen, Ordnung und Begriff-
lichkeit. Auch das, was nicht mit Beweisen erfasst
werden kann, ist Thema der Ontologie (Quelle
Bing).

Kosmologische Gottesbeweise gehen zurück auf
Aristoteles und auf der Idee des unbewegten Be-
wegers. Hierzu zählt auch Thomas von Aquin. Der
teleologische Gottesbeweis (telos = Ziel, Sinn).
Alles in der Welt ist zielgerichtet und auf Ordnung,
Schönheit und Zweckmäßigkeit ausgelegt. Die ein-
fachste Idee des kosmologische Gottesbeweises:
Von nicht kommt nichts.

Johann Gottfried Herder (1744–1803) schrieb:
»Mit dankbarer Freude erinnere ich mich aus meinen Jugendjahren der Bekanntschaft und des Un-
terrichts eines Philosophen, der mir ein wahrer

Lehrer der Humanität war [...] Seine Philosophie weckte das eigne Denken auf, und ich kann mir beinahe nichts Erleseneres und Wirksameres hierzu vorstellen, als sein Vortrag war.«

Herder war einer der einflussreichsten Schriftsteller und Denker deutscher Sprache im Zeitalter der Aufklärung und zählt mit Christoph Martin Wieland, Johann Wolfgang Goethe und Friedrich Schiller zum klassischen Viergestirn von Weimar.[9]

1.7. John Locke

Es soll eine kurze Betrachtung des englischen Philosophen John Locke (1362-1704) folgen. Locke liegt zwischen Descartes und Kant. Er gilt als einer der großen englischen Philosophen. Er studierte in Oxford scholastische Philosophie, später Medizin, das seine Philosophie mitbestimmte. Er begleitete verschiedene Ämter. Er arbeite zunächst als Arzt. Als dieser stand er in Diensten des späteren Lordkanzlers Earl of Shaftesbury (Anthony Ashley Coopers). So sind seine Aussagen zur Erkenntnistheorie von enormer Tragweite. Von allen Philosophen, außer Thomas und Anselm, konnte er heute noch viele denkende Menschen überzeugen. In seinem in vier Büchern gegliederten Hauptwerk , Versuch über den menschlichen Verstand, (engl: An essay concerning human understanding.) geht er auf den Ursprung, Umfang und Grad der Gewissheit menschlicher Erkenntnis ein. Darin führt er aus, dass die Seele eines gerade geborenen Menschen zunächst leer sei, so leer sei wie ein unbeschriebenes Blatt Papier. Weiter führt er aus:

Alle Ideen (ideas) oder die Bewusstseinsinhalte und schließlich das, womit sich der menschliche Geist beschäftigt und ausdrückt, stammen aus der Erfahrung. Diese Erfahrung, „sensation", nimmt zunächst die Eindrücke von Eltern auf. Ohne die Aufnahme der Sinneseindrücke gibt es keine Erkenntnis. Diese äußere Erfahrung, also der Impuls, und die Aufnahme dieser Ideen, werden im Geist reflektiert und führt zum Denken und zur Erkenntnis. Jeder erwachsene Mensch reflektiert seine Gedanken von seinen Eltern. Ohne diese Reflexionen gibt es keine Erkenntnis. Einfacher gesagt: Durch Erziehung denken wir. Hat der Mensch keine Erziehung und wird als Kleinkind sich selbst überlassen, wird daraus nicht das, was wir Mensch nennen. Er bekommt lediglich Essen und Trinken, aber er erfährt weder Zuwendung noch das Erlernen der Sprache. So machen Sprache und Information den Menschen aus.

Ich glaube, kann es aber noch nicht beweisen, dass der Erwerb einer menschlichen Sprache, das heißt die gesprochene oder die Gebärdensprache, eine notwendige Vorbedingung des Bewusstseins ist - in dem strengen Sinne, dass es ein Subjekt gibt, ein Ich, ein sich Seiendes Etwas.

Locke gehört neben Descartes und Leibniz zu den Vertretern des Rationalismus. Darunter versteht man eine philosophische Richtung, die dem Denken große Bedeutung beimisst. Zu diesen gut formulierten Gedanken soll nicht weiter gesagt werden. Das Denken Lockes ist einfach und genial zugleich. Dabei ist der Unterschied zwischen der Gotteserkenntnis eines Platon und eines Kant beträchtlich. Was für Platon Ideen und Ideenwelt waren, ist für Kant das, was er das Wesen Gottes nennt. Dabei ist Locke mehr Psychologe als Philosoph. Nach seiner These beruhen alle Urteile auf Erfahrung, und diese ist anerzogen. Ohne Erziehung gibt es keine Gotteserkenntnis. Da die Erfahrungen aller Menschen unterschiedlich sind, sind auch ihre Ansichten und Urteile unterschiedlich.

Abbildung 1.1. John Locke

1.8. Søren Kierkegaard

Søren Kierkegaard lebte von 1813-1855. Er schreibt:
»Es ist wahr, was die Philosophie sagt, dass das
Leben rückwärts verstanden werden muss. Aber
darüber vergisst man den anderen Satz, dass es
vorwärts gelebt werden muss.«

Søren war ein dänischer Philosoph und gilt eher
als Religionsphilosoph. Er gehörte zum ‚Goldenen
Zeitalter' Dänemarks. Søren wurde nur 42 Jahre
alt. Er hatte noch sieben Geschwister, von den
fünf früh starben. Als sein Vater das verinnerlich-
te, meinte er, er sei wegen früherer Sünden hart
bestraft worden. Aus diesem Grund habe er zu

Schwermut und Melancholie geneigt. Das hat sich auf seinen Sohn übertragen. Sein Vater, Mikael, war Wirkwarenhändler (hauptsächlich Stoff-und Schuhwaren) und hatte einiges verdient. Zur gleichen Zeit lebten der Dichter Hans Christian Andersen und Christian Jörgensen Thomsen. Er war Sekretär der Königlichen Altertumskommission. Waffen teilte er in Steinzeit, Bronzezeit und Eisenzeit ein. Diese Einteilung gilt bis heute.

Søren stand mit der evangelischen Amtskirche im steten Konflikt. Er wollte Pfarrer werden, was aber abgelehnt wurde. Sein ganzes Leben war von Gegensätzen geprägt. Er lebte von inneren Konflikten und trug sie aus. Das waren für ihn **Gut und Böse** und **Staat und Kirche.** Er war sogar der Meinung, dass die Amtskirche, die Theologen und Pfarrer, nicht den rechten Christenglauben hätten. Er sah einerseits die Bibel und andererseits die Pastoren in steten Widersprüchen.

Er hätte sagen können: Das Christentum ist kein normativer Begriff. Juden und Christen stoßen sich ab und Christen untereinander auch. Vergeblich nennen sich Kirchen römisch-katholisch, griechisch-katholisch, russisch-orthodox, koptisch. Seitdem es die evangelische Kirche gibt, spalteten sich bald Freikirchen und Sondergemeinschaften ab. Es gibt kein gemeinsames Merkmal wahren Christentums.

Sein Erstlingswerk war: **Entweder - Oder**. Das Werk zeigte die Gegensätze im Denken Kierkegaards auf. Das bestätigt auch das folgende Zitat:

- »Die Menschen scheinen die Sprache nicht empfangen zu haben, um die Gedanken zu verbergen, sondern um zu verbergen, dass sie keine Gedanken haben.« Spätestens jetzt leuchtet ein , Søren hat Gedanken gespiegelt.

Viele Philosophen und Theologen haben sich mit Gott beschäftigt. Es wurden verschiedene Aussagen gemacht. Philosophie ist eine Suche nach Wahrheit. Manche Denkansätze haben bleibenden Wert, manche sind längst vergessen. Ein abschließendes Zitat von Kierkegaard:

- Seine Aussage ist typisch: Das Gebet ändert nicht Gott, sondern den Betenden.

So hat Søren keine Philosophie hinterlassen, sondern vielmehr Denksprüche.

1.9. Jean Guitton

Zu einem der letzten großen und christlichen Philosophen des vergangenen Jahrhunderts zählte der französische Denker Jean Guitton (18.August 1901 - 21.März 1999). Sein Denken kann hier nur ansatzweise vorgestellt werden.[1] Er schreibt:

- »Das Jahr 1927 war eines der wichtigsten in der Geschichte des zeitgenössischen Denkens. Es markiert den Beginn der metarealistischen Philosophie. Es ist das Jahr, in dem Heisenberg seine Unbestimmtheitsrelation darlegte, in dem Georges Lemaître seine Ausdehnung des Universum formulierte, in dem Einstein seine vereinheitlichte Feldtheorie vorschlägt, in dem Teilhard de Chardin die ersten Elemente seines Werks publiziert. Und es ist das Jahr des Kopenhagener Kongresses, der die offizielle Begründung Heisenbergs zur Quantentheorie markiert.«

- »Der menschliche Geist spiegelt ein Universum wieder, das dem menschlichen Geist entspricht. Daher kann nicht einfach gesagt werden, dass Geist und Materie koexistieren würden; sie existieren miteinander. In gewisser Weise ist das Universum durch Gott geschaffen worden, damit wir von uns selbst zu träumen: Der Metarealismus beginnt genau in dem Augenblick, wo der Träumer sich seiner selbst und seines Traums bewusst wird.«

• »Um die Existenz des kosmischen Codes akzeptieren, ihn verstehen zu können, sollte man seinem Denken eine metarealistischen Rahmen geben. Ich fordere den Leser auf, über zwei Merkmale nachzudenken:

– Geist und Materie bilden ein und dieselbe Realität;

– der Schöpfer dieses Universums aus Materie und Geist ist übersinnlich.«

In seinem Epilog schreibt Guitton:

• »Wir können das Universum als eine Art kosmische Hieroglyphe annehmen, die wir gerade zu entschlüsseln beginnen. Jedes Atom, jedes Fragment, jedes Staubkorn existiert in dem Maße, wie es Teil universeller Bedeutung ist. Und so gliedert sich der kosmische Code auf, zuerst Materie, dann Energie und schließlich Information.«

Geist und Materie bilden eine Gemeinsamkeit. Das eine kann nicht ohne das andere existieren. Dieser Geist ist auch Information. Der Ewige ist Geist und gleichzeitig Information.

KAPITEL 2

DER ALLMÄCHTIGE

»Je länger ich das Universum erforsche und die
Einzelheiten seiner Architektur untersuche, desto
mehr Indizien deuten für mich darauf hin: In
einem gewissen Sinn muss das Universum
gewusst haben, dass wir kommen.«

Freeman Dyson, englischer Physiker und
Mathematiker

Das vorliegende Buch beruht auf den ersten
Versen der Bibel. Zunächst stellen sich Fragen
nach Entstehung der Bibel:

• Wer hat die Bibel geschrieben?

Es waren gebildete Juden, Rabbiner, Propheten
und Schriftkundig, die das aufgeschrieben haben,
was sie selbst erlebt haben oder was man ihnen
erzählte oder durch andere Menschen erfahren

hatte. Es dürften einige Details aus einer anderen
Zeit übernommen worden sein. Denken wir an das
Buch Daniel. Es ist während der Makkabäerzeit
175-134 v. Chr. fertig geschrieben worden.

Kommunikation fand zu allen Zeiten statt. Da
die hebräische Sprache gleich mit Zahlen ist, hatten die jüdischen Gelehrten Kenntnisse und konnten Gebrauch davon machen.

• Wann wurde die Bibel geschrieben?

Die Beantwortung der Frage ist keine schwie-
rige. Sie hängt mit der Entwicklung der Schrift
zusammen. Das Althebräische wurde von den Rab-
binern als unbrauchbar für den Gottesdienst angesehen und wurde verworfen. Das babylonische
Exil war ein großer Einschnitt für das Judentum.
So kam es zur jüdisch-aramäischen Schrift. Als
Zeitraum können die Jahre um 1000-600 v. Chr.
angesehen werden. Man wird beim Nachlesen die
eine oder andere Änderung angebracht haben.
Wartet man mit der Korrektur einige Monate, fallen Änderungen und Zusätze noch deutlicher aus.
Dass, was bei normalen Büchern Realität ist, wird
bei der Entstehung Bibel nicht anders gewesen
sein. Als Beispiel möge das Buch Prediger (Kohelet) gelten. Nach Meinung vieler Christen wurde

das Buch während der Zeit des Königs Salomo, dem Sohn Davids, geschrieben. Nach der EU wurde das Buch zur Zeit des 3.Jahrhundert verfasst. Es hat eine philosophische Grundausrichtung. Das Buch ist vergleichbar mit den ‚Sprüchen der Väter' (Pirke Awot).

• Beachtenswert ist ferner die Lektüre von Stefan Drüeke und Arend Remmers. In dem kleinen Heftchen schreiben sie von der Ehrfurcht der Juden vor dem Wort Gottes. Sie hat dazu geführt, dass man alle vorherigen Schriften ‚beerdigte' und nur die letzte Version aufbewahrte. Sie war nicht älter als 1000 Jahre[dr], wobei diese Zahl einen runden Wert darstellen dürfte.

• **Der erste Satz der Bibel lautet:**

Genesis 1,1: »Im Anfang schuf Gott Himmel und Erde.«

Schaut man sich den Satz näher an, steht an erster Stelle das Wort Anfang. Spricht man von einem Anfang, ist das Ende gleich mitgedacht. Der Anfang einer Sache oder eines Vorgangs beinhaltet auch das Ende. Ein Läufer startet zu Beginn eines Laufes und endet im Ziel. So hat alles ein Anfang und ein Ende. Sollte es aber keinen Anfang gegeben haben, dann gibt auch kein Ende.

Wir Menschen denken zwischen Anfang und Ende einer Sache. Der biblische Text wurde geschrieben, als Himmel und Erde bereits bestanden. Der sogenannte Schöpfungsbericht ist im Nachhinein geschrieben worden. Man tat so, als ob die Schreiber bei der Grundlegung der Welt anwesend gewesen seien. Selbst im Buch **Kohelet** (Prediger) heißt es Kapitel 5.1: »Gott ist im Himmel und du bist auf der Erde, darum sollst du nicht viele Worte machen.«

Die Erzählung von der Erschaffung der Welt wollte einen Anfang haben. Der sogenannte Urknall kennt ebenfalls einen Anfang. Die Forscher, die den Urknall auf ihre Fahnen geschrieben, wollten Gott ad absurdum führen, gehen aber auch von einem Anfang aus. Sollte es einen Urknall gegeben haben, wird es einen Endknall geben müssen. Und sollte der Urknall Bestand haben, muss es eine Materie gegeben haben, die knallen kann. Es sei denn, man ersetzt Wissenschaft durch Glauben. Ein Knall aus dem Nichts, würde das Nichts für Realität halten. Um es mit Hawking zu sagen: Nichts plus Nichts bleibt Nichts. Allerdings gibt es reine Nichts nicht.

1.Mose 8,22:

»Von nun an, alle Tage der Erde, sollen nicht
aufhören Saat und Ernte, Frost und Hitze,
Sommer und Winter, Tag und Nacht.«

Setze ich für den Begriff **Gott** den Begriff **Ewiger** ein, wird aus einer Endlichkeit Unendlichkeit.
Ewig heißt - ohne Zeit. Es gibt in diesem Buch
ein Artikel mit dem Namen **D**ie Zeit. Wird der Begriff **Gott** mit Allmächtiger gesetzt, heißt das die
Allmacht Gottes. Man sollte mit der Bezeichnung
Himmel vorsichtig umgehen; denn der Begriff
steht im Kontext zum Begriff **Hölle**. Viele Christen
gebrauchen den Begriff **G**ott häufig. Sagen aber
gleichzeitig, dass man ihn nicht verstehen kann.
Man redet davon, weiß aber nicht, wovon man
redet.

Im Weltschöpfungsmythos des Eunuma Elish
heißt es:

»Als oben der Himmel noch nicht existierte
und unten die Erde noch nicht entstanden
war, gab es Apsu, den ersten, ihren Erzeuger,
und Schöpferin Tiamat, die sie alle gebar; sie
hatten ihre Wasser miteinander vermischt,
ehe sich Weideland verband und Röhricht

zu finden war? Als noch keiner der Götter geformt oder entstanden war, die Schicksale nicht bestimmt waren, da wurden die Götter in ihnen geschaffen[...]«

Auch dieser Text ist später geschrieben worden. Der Inhalt hat an Aktualität nichts verloren. Es gibt viele solcher alten Reden. Denken wir an Zarathustra.

2.1. Die Welt Gottes

• **Erster Schritt: Der Anfang** »Im Anfang schuf Gott Himmel und Erde.« Ein anderes Wort dafür ist Firmament.[1] Es bezeichnet in den frühen Weltbildern den über der Erde gelegenen Teil des Kosmos. Das ist das Konzept, das der Anblick des sichtbaren (blauen) Himmels und des Sternenhimmels bietet. Es sind astronomische Ereignisse, die in einem protowissenschaftliches Modell gefasst sind.[9]

Der Himmel ist oben und die Erde unten. Ge-

---

[1]Seit dem 13. Jahrhundert bezeugt vom spätlateinischen „firmamentum", wörtlich: „Befestigungsmittel". Die hebräische Übersetzung lautet **raqi**[6] und besagte Lufthülle und steht im Kontext mit der Erdkruste (Seite 79).

nauer gesagt, der Himmel ist der Luftraum und die Erde ist der Materieraum. Man kann den Luftraum und die Materie nicht voneinander trennen. Himmel und Erde gehören zur einen und gemeinsamen Welt.

Im ganzen Universum gibt es Planeten, Sonnen und Sterne. Das wird bekleidet durch den jeweiligen Luftraum. Ein allegorisches Beispiel: Wir denken uns einen Kleiderschrank. Die Kleider werden auf Kleiderbügel aufgehängt. So kann man sich die reale Welt vorstellen. Die Planeten, Sonnen und Sterne hängen im jeweiligen Luftraum.

• **Zweiter Schritt:** Es handelt sich um Rotation. Durch riesige Fernrohre wird die Rotation bewiesen. Durch Gravitation hat jeder Himmelkörper seinen eigenen Luftraum. Ob die Bewegung gleichförmig oder ungleichförmig ist, ist nicht von Belang. Auch ist nicht von Belang, ob es kreisrunde oder oben und unten abgeflachte Körper sind. Entscheidend ist vielmehr, alle Körper haben ihren eigenen Bewegungsraum.

• **Das Superteleskop:**
Die europäischen Staaten haben in einem trockenen Wüstengebiet in Chile ein Superteleskop mit dem sinnigen Namen **Very Large** errichtet.

Das soll das Rätsel von der Entstehung des Universums lösen. Das Geld hätte man lieber Armen gegeben. Was der Mensch mit seinen Augen sehen kann, sind sichtbare Dinge. Die materielle Welt ist ein Blick in die Vergangenheit. Ein Blick in die Zukunft ist nicht möglich. Denn diese Welt ist noch nicht geworden.

• **Dritter Schritt: Staub-Sand-Gemisch** Durch die Rotation der Körperwelten entsteht Reibung. Dadurch entsteht das Staub-Sand-Gemisch. Diese Partikel bewegen sich wie Wellen. Ähnlich Wasserwellen. Sollte noch Wind hinzukommen, wird der Vorgang beschleunigt. Ohne die Elemente Wasser und Wind und Feuer kann man sich diese Welt nicht vorstellen. Alles bewegt sich. Alles dreht sich.

Wird vor dem Schlafengehen bei einer Nachttischlampe ein Buch gelesen, sieht man wie die Luftpartikel frei umherschwirren. Wir atmen diese Partikel ein. Der Luftraum ist auch der Lichtraum und gleichzeitig der Atemraum und das entspricht dem Energieraum. Das Tageslicht kostet nichts, nur das Kunstlicht muss bezahlt werden. Sonne, Wind und Wasser, diese Elemente sind nicht feststehend, sondern in dauernder Bewegung. Alles bewegt sich.

- **Vierter Schritt: Wellentheorie** Unter dem Begriff Wellentheorie sind auch Wasserwellen gemeint. Wasserwellen sind das Resultat von Wind und Sonne. Wasserwellen sind bei starkem Wind, bei Orkan oder beim Tsunami entsprechend hoch. Würde das zu einen Dauerzustand führen, hätte das den Tod aller Bewegung zu Folge. Gottlob sind das Einzelerscheinungen. Wasserwellen und Wind bilden eine Einheit. Die Periodendauer ist von unterschiedlicher Intensität. Einen Stillstand gibt es nicht.

- **Fünfter Schritt** Es gibt stetige, periodische, harmonische Schwingungen. Die einfachste Schwingung ist die Schaukel. Sie pendelt zwischen Höhepunkt und Anfangspunkt. Wenn zwei Kugeln auf einem Gestänge montiert sind und in Bewegung gesetzt werden, schwingen sie hin und her. Bei einer Stimmgabeln geben Schwingungen einen Ton von sich. Dann gibt es Glocken. Sie werden durch Seile oder durch Motoren in Resonanz versetzt. Bei jeder vollen Stunde schwingt es. Weitere Musikinstrumente wie Geige, Gitarre und Klavier gehören der gleichen Klasse an.

Eine weitere Schwingungsart wurde durch den bekannten Physiker Léon Foucault begründet. Er machte im Jahr 1851 ein ungewöhnliches Experiment. Damals hatte man noch keinen Beweis für die Erddrehung. Zum Beweis hängte er an ein langes Seil ein schweres Gewicht, befestigte das andere Ende an einem Gewölbe des Pantheon. An ein Frühlingsmorgen startete er das Experiment. Zu seiner großen Verwunderung stellte Foucault fest, dass die Schwingungen seines Pendels – das heißt die Richtung – nicht fest steht. Das Pendel hatte zwar in Ost-West-Pendels Richtung ausgeschlagen, verlagerte sich aber in Nord-Süd-Richtung. Aus welchen Grund geschah das? Foucaults Antwort war einfach: Dieser Richtungswechsel war nur eine Täuschung. In Wirklichkeit drehte sich die Erde in absolut gleicher Richtung.[1] Die Schwingungsamplitude beträgt von der Mitte aus ca.40 cm. Léon Foucault hatte die Welt in Erstaunen versetzt. Bewegung ist ein Prinzip der Welt.

• **Sechster Schritt** Funk ist eine Technik, die im vergangen Jahrhundert erfunden wurde. Es ist eine drahtlose Übertragungstechnik und das mithilfe von Funkwellen. Hierzu gehören Radartechnik, WLAN, Handys, Navigationssysteme, Satellitenrundfunk, Fernsehwellen, Waffentechnik, um nur einige Punkte zu erwähnen. Die deut-

schen Rüstungskonzerne Rheinmetall und Diehl
verfolgen seit 2003 auf Mikrowellen basierende
Waffensysteme. Sendemasten gehöre auch dazu.

• Unter Schall versteht man ein hörbares Geräusch, einen Klang, einen Ton und sogar einen
Knall, bzw. Überschallknall bei Flugzeugen. Der
Schall wird von Menschen, Maschinen, Flugzeuge
und Raketen erzeugt. Das wird dem Ohr-Gehirn-
System auditiv mitgeteilt. Man unterscheidet den
Nutzschall, wie Musik oder die Stimme. Es gibt
auch den Störschall durch Baustellen und den Ver-
kehrslärm. Allgemein gesagt: Wie man in den Wald
hineinruft, so schallt es zurück. Es gibt Radio- und
Fernsehwellen und Funkwellen. Fische im Meer
verständigen sich durch Schall. Bei einer Schall-
dämmung will man den Lärm minimieren. Die
Schallarten werden in Frequenzen eingeteilt.

• Das Echo vom Königssee. Neben der Betrachtung der wunderschönen Landschaft bietet die
Fahrt mit dem Boot der bayerischen Seeschiff-
fahrt am Königssee ein weiteres Highlight, was
das Echo anbelangt. Eigentlich Echowand. In einer Felswand auf der Westseite des Sees, greift
ein Bootsführer zur Trompete und spielt eine kurze Melodie. Bei günstiger Witterung ist dann ein

Echo bis zu zweimal zu hören. Wenn man in einen Talkessel (Canyon) hineinruft, schallt die eigene Stimme als befremdend zurück.

• Unter Sprache verstehen wir ein komplexes System der Kommunikation. Darunter fallen die menschliche Sprachen sowie auch konstruierte Sprachen, wie sie im Tierreich anzutreffen sind. Zeichensysteme und kommunikative Handlungen, die als Sprache bezeichnet werden, etwa die Tanzsprache der Bienen. Unter den menschlichen natürlichen Sprachen ist eine wesentliche Unterteilung zwischen Lautsprache und Gebärdensprache. Die geschriebene Sprache lässt sich auch in eine Lautsprache hörbar machen.

Die Zahl der menschlichen Sprachen beläuft sich weltweit gegenwärtig auf etwa 6.000, wobei Schätzungen zufolge ungefähr 90 Prozent davon am Ende dieses Jahrhunderts verdrängt sein werden. Im Weltatlas der gefährdeten Sprachen listet die UNESCO alle vom Aussterben bedrohten Sprachen auf. Mit dem Erlöschen einer Sprache geht auch ein kulturelles Gedächtnis verloren.[9]

Die Sprache, auch die gesungene, geschieht durch das Vermitteln schwebender Stoffe. Vom Ewigen kommend ist sie Mittler zwischen verschiedenen Menschen. Daher ist gesprochene Sprache und das Hören ein Zeugnis vom Ewigen. Sollte Menschen, Negatives, Hass, Zorn, Eifersucht von sich geben, kommt dies vom Menschen und nicht vom Allmächtigen. Die Sprache ist das Medium, mit dem man sich unterhält. Man spricht und hört. Menschen sprechen in einer bestimmten Tonlage. Der Mann wie auch die Frau und das Kind sprechen in verschiedene Tonfrequenzen. Die Frequenzen sind Resultat von unterschiedlicher Gemütslage. Ist sie freundlich, ärgerlich, schreiend, enttäuschend, zornig, heiter oder beschwingt, so fallen auch die Sprachtöne aus. Frequenzen und Gemütslage sind im Gehirn gekoppelt. Das menschliche Gehirn ist in andauernden Bewegung. »Alles fließt«, sagte schon Heraklit und Aristoteles sagt:

»Nun sind die sprachlichen Äußerungen unserer Stimme Symbole für das, was unserer Seele widerfährt, und unsere schriftlichen Äußerungen sind wiederum Symbole für die (sprachlichen) Äußerungen unserer Stimme. Und wie nicht alle Menschen mit denselben Buchstaben schreiben, so sprechen sie auch nicht dieselbe Sprache. Die seelischen Wi-

derfahrnisse aber, für welche dieses (Gesprochene und Geschriebene) an erster Stelle ein
Zeichen ist, sind bei allen Menschen dieselben; und überdies sind auch schon die Dinge,
von denen diese (seelischen Widerfahrnisse)
Abbildungen sind, für alle dieselben.«

Man kann nicht immer in die Flusswelle steigen, die vorher abgeflossen ist. Was sagt Herklit
dazu: »Wer in dieselben Flüsse hinabsteigt, dem
strömt stets anderes Wasser zu.« Was verflossen
ist, ist vorbei und kehrt nicht zurück. Einatmen
ist Gegenwart, Ausatmen ist auch Gegenwart. Nur
das vorherige Einatmen ist Vergangenheit geworden. Daher ist Einatmen und Ausatmen Beleg für
den Faktor Zeit. Vergangenheit kann nicht zur
Gegenwart werden. Wäre das anders, würde die
Zeit stehen bleiben oder ließe sich umkehren. Wer
schreibt, dem sind im Gehirn sprachliche Bilder
vorgeprägt. Man spricht, der andere Mensch hört,
sollte man eine Sprache sprechen, die andere Menschen verstehen können, ist das Kommunikation.
Die Sprache ist eine Bewegen von Luftpartikeln
und kommt vom Höchsten. Wie sagte Jean Guitton: **Materie, Geist, Kommunikation.**

Der Atem

Dum spiro spero: »Solange ich atme, hoffe ich.«

Marcus Tullius Cicero 3. Januar 106 v. Chr. - 7. Dezember 43 v. Chr. war Schriftsteller, Philosoph und der berühmteste Redner Roms.

Genesis 2,7: »Da bildete Gott der HERR den Menschen, Staub von der Erde und blies den Odem des Lebens in seine Nase, und so wurde der Mensch eine lebendige Seele.«

• Der Atem ist eine komplexe Abfolge von Ereignissen, die alle Lebewesen umfasst. Der Mensch steht im Vordergrund. Der Lebensatem besteht aus dem Einatmen von freischwebenden Stoffen, die aus dem Staub-Sand-Gemisch bestehen. Atem ist Grundlage für das Leben und auch für den Tod, wenn nicht mehr geatmet wird. Das Baby atmet auch. Alle Menschen, ob groß oder klein, reich oder arm, alle Hautfarben, ob Frau, Mann oder Kind – alles atmet! Der Atem, die Bewegung und die Zeit, das ist der Zusammenhalt der Welt. Selbst der Neandertaler hat geatmet. Ob er vom Faktor Zeit etwas wusste, ist nicht bekannt.

Das, was wir den Ewigen nennen, ist die Folge

vom Wehen und Einatmen der Luft, vom Wehenden, vom Atemstoff, der zwischen Himmel und Erde schwebt. Das ist die Atmosphäre. Die Aussage: »Gott ist Geist«, Johannes 4,24., drückt den Sachverhalt mit anderen Worten aus. Der Geist ist gleich mit Windhauch; man weiß nicht, woher kommt und wohin er geht, Johannes 3,8..

Johannes 1, 1-5:

»Am Anfang war das Wort; das Wort war bei Gott, und das Wort war Gott. Der das Wort ist, war am Anfang bei Gott. Durch ihn ist alles entstanden; es gibt nichts, was ohne ihn entstanden wäre. In ihm war das Leben, und dieses Leben war das Licht der Menschen. Das Licht leuchtet in der Finsternis, und die Finsternis hat es nicht auslöschen können.«

Eigentlich müsste es heißen: Im Anfang war das Logos. Und das Logos war Gott. Der das Logos ist, war im Anfang. (Das Wort Logos besagt **Vernunft bzw. Weltvernunft** .)

• Das Staub-Sand-Gemisch ist Grundlage für den Atemstoff. Die Luft ist ein der Erdatmosphäre umgebendes Gasgemisch, das sich im trockenen Zustand aus den Hauptbestandteilen Stickstoff (78,08 Vol) und Sauerstoff (20,95 Vol) zusammensetzt. Daneben gibt es noch Edelgase (wie z. B.

Argon, Helium, Krypton und Xenon) sowie andere
Spurenstoffe (wie z. B. Kohlendioxid, Methan, Wasserstoff, Distickstoffmonoxid und Kohlenmonoxid),
deren Anteile zusammen unter 1 Vol. liegt. Quelle:
(Landesanstalt Für Umwelt Baden-Württemberg).

An diesem Vorgang kann der Mensch nichts
ändern. Beim Ein- und Ausatmen ist rund eine
Sekunde vergangen. Das ist ein minimaler Beleg
für den Faktor Zeit. Einatmen ist Gegenwart und
Ausatmen ist auch Gegenwart. Das vorige Einatmen ist aber jetzt Vergangenheit geworden. Die
Luftdichte ist gleich 1,293 kg/m^3. Ein Liter Luft
wiegt 1,293 Gramm. Der Vorgang reguliert sich
auf natürliche Weise. Der Mensch atmet pro Tag
die unglaubliche Summe von 10.000 Liter Atemluft ein. Nach einem Monat mehr als 300.000 kg
oder 1,3 Tonnen wiegen. Er stößt dabei nur eine
geringere Menge an Kohlendioxid aus:[2]

Das Atmen ist ein Beweis für die Existenz Gottes.
Das Atmen kann nur mit dem Faktor Zeit bestehen.
Hat der Mensch aufgehört zu atmen, ist er von der
Welt abgeschieden. Der Pfarrer spricht dann die

---

[2]http://www.spektrum.de/quiz/welche-luftmenge-
atmet-ein-gesunder-erwachsener-taeglich-ein-und-
aus/678392).

liturgische Formel: »Erde zu Erde, Asche zu Asche, Staub zu Staub.«. Dabei wirft er ein Schäuflein Erde ins Grab. Von der Erde genommen, ist er zur Erde zurückgekehrt. Es wird von bestimmten Leuten die Meinung vertreten, der Mensch wird am Ende der Zeiten von den Toten auferstehen. Das Ende der Zeit ist auch das Ende von Raum. Was eigentlich gesagt werden soll: Wenn der Atem von Ewigen kommt, kehrt er am Ende des persönlichen Lebens zum Ewigen zurück. Auch die Zeit hat dann aufgehört Zeit zu sein.

• Zu Zeiten der klassischen Antike war man der Meinung, Luft sei luftleer und hätte kein Gewicht. Erst der italienische Physiker und Philosoph Galileo Galilei hatte das spezifische Gewicht der Luft als den 660-sten Teil des Wassers bestimmt.

Zum Bestimmung des Gewicht der Luft wird eine Balkenwaage konstruiert. Auf jeder Seite der Waage wird jeweils ein Luftballon befestigt. Die Waage wird justiert. Dann wird ein Luftballon aufgeblasen und an die vorherige Stelle befestigt. Der zweite Luftballon bleibt luftleer. Nach welcher Seite wird das Pendel ausschlagen? Es neigt sich zur Seite des aufgeblasenen Ballons. Der Nachweis vom Gewicht der Luft ist erbracht.

Atmet der Mensch reine Atemluft, werden beide Lungenflügel beaufschlagt. Diese haben bei verschiedenen Menschen verschiedene Volumen. Als Beispiel seien Sportler, Taucher oder Bergsteiger erwähnt. Das Lungenvolumen ist bei solchen Gruppen größer als beim Normalbürger. Es gibt nichts ohne Ausnahme. Es gibt Berufsgruppen, bei denen die Atemwege gefährdet oder erkrankt waren. Zum Beispiel wäre Staublunge bei Grubenarbeiter und Asbesthose bei ehemaligen Arbeitern zu nennen. Aber auch die stickige Luft von Industrieschloten und Autoabgasen spielen eine Rolle.

Der Mensch atmet frische Waldluft, weniger stickige Stadtluft und Industriequalm. Der Mensch atmet pro Tag die unglaubliche Summe von 10.000 Liter Luft ein und stößt nur eine geringere Menge Kohlendioxid aus:[3] Wenn der Mensch im Sommer bei einer Arbeit ein- und ausatmet, bildet sich Schweiß. Ein natürlicher Vorgang. Es kommt zum Körpergeruch. Jeder Mensch riecht anders. Ein Krankenhaus fordert zu einem Rundgang auf.

Zunächst schiebt die Krankenschwester ihre Patienten an die frische Luft und sagt: »Atmen Sie

---

[3] http://www.spektrum.de/quiz/welche-luftmenge-atmet-ein-gesunder-erwachsener-täglich-ein-und-aus/678392).

frische Luft, das wird Ihnen gut tun!« Wir begleiten
einen Stationsarzt bei einer Visite. Der Arzt nimmt
sich die Krankenakte, schaut dabei den Patienten
an. Er will sich vergewissern, ob er den Hauch des
Todes riecht oder ob es mit Patienten aufwärts
geht. Der Arzt riecht in das Krankenzimmer hinein.
Er wird sich dessen selbst nicht bewusst sein. Der
optische und der geruchsmäßige Eindruck ist ein
Kriterium für den Arzt. So ist das Ausströmen von
Düften ein Indikator von Krankheiten. Eine Ka-
talogisierung von solchen Düften steht allerdings
noch in den Anfängen.

Es gibt bereits einige Versuche. Besonders aus-
gebildete Hunde haben am Urin eines Patienten
Blasenkrebs gerochen. Die Haut eines Typhuspa-
tienten riecht nach frischem Brot. Wer an Röteln
erkrankt ist, dessen Schweiß verströmt den Duft
frisch gerupfter Federn aus. Der Mensch riecht
nicht nur aus dem Mund, sondern verströmt auch
aus den Poren typisch eigene Düfte. In dieser An-
gelegenheit hat das Bundesforschungsministerium
mehre Millionen an Euro zur Verfügung gestellt
hat. (Rheinischer Merkur 3.2009.)[4] Neuerdings

---

[4]www.focus.de/gesundheit/ratgeber/zaehne/tid-
13538/frischer-atem-manche-krankheiten-kann-man-

sollen Hunde das neue Covid 19 Virus gerochen haben.

Wenn der Mensch nicht mehr atmet, ist er von der Welt abgeschieden. Der Atem ist wie ein genetischer Fingerabdruck.[5][9]

Wenn das Staub-Sand-Gemisch auf der Erde endlich wäre, wäre der Kosmos kein offenes System. Da aber der Kosmos weder einen Anfang noch ein Ende hat, verglühen Sterne, aber die Staubpartikel bleiben. Daher wird unser Sonnensystem von anderen Sonnensystemen unterstützt. Der Atemstoff ist ohne Ende. Diese Stoffe durchlaufen einen Filter, der über der Erdatmosphäre aufgehängt ist und für alle Lebewesen passend gemacht wird. Hierzu eine allegorische Deutung:

Es gibt Kaffee aus Brasilien 34%, aus Vietnam 14%, aus Kolumbien 6% und aus anderen Kaffeeländern. Wir nehmen jeweils einen Kaffeelöffel

---

riechen_ aid_ 376407.html

[5] Als genetischer Fingerabdruck wird ein DNA-Profil eines Individuums bezeichnet, das für dieses in hohem Maße charakteristisch ist. Die DNA wird aus Zellen gewonnen, die aus Gewebeteilen oder Sekreten, zum Beispiel Sperma, Hautzellen oder Speichel stammen. Das Verfahren wird in der Molekularbiologie auch als Genetic Fingerprinting oder DNA Fingerprinting bezeichnet. Alec Jeffreys war auf das Verfahren gestoßen. In Deutschland wurde es erstmals 1988 als Beweis in einem Strafprozess anerkannt.

voll von jeder Sorte, gießen Wasser hinzu. Wenn der Kaffee fertig gebrüht ist und getrunken wird, kann man nicht mehr feststellen, aus welchen Ländern der Kaffee kam. So ist es auch mit der Atemluft. Man kann nicht mehr feststellen, aus welchem System die Atemluft kam und kommt. Sie durchlaufen einen Filter (Atmosphäre), der die Atemstoffe passend macht. Denken wir auch an die Nord- und Ostsee. Da weht immer ein frischer Wind.

2.2. Wissen und Glauben

Was am Anfang der Welt war, ist eine uralte Frage, die zu allen Zeiten gestellt wurde und wird. Man hat verschiedene Antworten gegeben, ohne dass es eine schlüssige Antwort gegeben hat. Es ist von einem Urknall, einer Ursuppe, dem Zufall und der Stecknadel-Theorie die Rede. Bevor darauf eingegangen wird, soll auf die Plattentektonik (Kontinentalverschiebung) kurz eingegangen werden.

Die Kontinente Afrika und Nordamerika gehörten ehemals zu einer einzigen Landmasse. Dazu auch die Inseln Madagaskar und Grönland, die

jeweils zu ihrem Festland gehörten. Das Ganze
dürfte durch ein oder zwei kleine Meere umflossen
sein. Die Idee geht auf den Meteorologen Alfred
Wegener (1880-1930) zurück. Nach geschätzten
200 Millionen Jahren (früher Jura) gehörten alle
Kontinente zu einer einzigen Landmasse. Nach
160 Millionen Jahre (Mitteljura) drifteten die Kontinente langsam auseinander. Es bildeten sich Zwi-
schenmeere. Nach 80 Millionen Jahre (obere Krei-
de) begann die Kontinentalverschiebung größer
zu werden. Vor 40 Millionen Jahre (oberes Eo-
zän) war die Trennung der Erdkontinente fast
vollzogen. (die Begriffe sind später entstanden.)
Heute haben wir die komplette Trennung von Mee-
ren und Erdteilen vor uns. Was führte zu dieser
Plattentektonik? Es lagen feste, harte und leicht
verformbare Gesteinsschichten vor. Und im Innern
der Erde herrschten verschiedene Temperaturen.
Es gab kalte, warme und heiße, ja flüssige und
sogar explosive Stoffe. Die ganze Natur ist in Bewegung. Erdschichten wandern auf andere oder
über andere Gesteinsschichten (Erdplatten). Es
wird auch Erdbeben gegeben haben. Wie bei den
Planeten durch Rotation mit dem Luft Atemstoff
entsteht, so entstehen verschiedenen Tierarten,

Menschenarten und Floren. Auf Madagaskar gibt es Affenarten, die es nur hier gibt. Darwin zum Gedenken. Worin besteht Ursache und Wirkung? Man kann auch nicht feststellen, ob es ein Kommen oder Gehen gibt. Allgemein kann man sagen, Materie und Geist sind zwei paar verschiedene Schuhe. Manche passen, manche zu groß oder zu klein. Wenn das All vor 15 Milliarden Jahre entstanden ist, wie kann man das verständlich machen? Niemand kann 15 Milliarden Jahre, ja nicht einmal 1 Million Jahre zurückblicken. Kann überhaupt jemand auf so einen langen Zeitraum denken? Der Norweger Thor Heyerdahl (1914-2002) hat mit Schiffen wie Kon-Tiki die alte Welt Perus besucht und mutmaßte, die Bewohner hätten die Inselwelt Polynesien bevölkert. Die Entfernung beträgt heute um die 6.000 Kilometer. Wenn man aber das Mittel-Jura annimmt, waren die Wasserwege deutlich länger. Kurz gesagt: Die Welt hat es schon immer gegeben, nur die Verhältnisse waren anders und werden anders.

Der Urknall soll die Entstehung des Kosmos belegen. Wenn es geknallt haben soll, muss ein Etwas gegeben haben, damit es knallen kann. Ein Knall aus dem Nichts ist eben Nichts. Irgendwie hat man den Eindruck, Begriffe wie **Hölle und schwarze Löcher** seien geistig miteinander verwandt. Wer dort landet, dem strömt das ewige Feuer entgegen. Eine weitere Frage geht dahin: Wie groß ist das Universum? Fachleute sind sich selbst nicht einig. Die eine Gruppe spricht von 78 Milliarden Lichtjahre, die andere Gruppe nennt 138 Milliarden. Bisweilen ist zu hören, der Urknall sei ein Unfall. Wie auch immer, sowohl der eine Wert als auch der andere, entspricht nicht dem menschlichen Vorstellungsvermögen. Das Universum ist nicht begrenzt und hat auch keinen Rand. Man sollte mit Aussagen wie **Weltraum** vorsichtig sein. Es gibt verschiedene Räume. Wohnraum, Hobbyraum, Wirtschaftsraum usw. Der Raum ist damit etwas Begrenztes. Die Welt ist im Raum gefangen.

Es gibt den Begriff der Allegorie. Hierunter ist eine bildhafte Darstellung abstrakter Sachverhalte zu verstehen. Nehmen wir die Größe des Universums als Bezugspunkt an. Zum Verständnis der Sache sei die Weltbevölkerung herangezogen. Diese beträgt im Jahr 2020 7 Milliarden. Die Bevölkerung nimmt in jeder Sekunde um einen oder zwei Menschen zu. Das Modell verdeutlicht den

Sachverhalt auf einfache Weise. Die Darstellung
hat weder eine Grenze noch einen Rand. Natür-
lich sterben Menschen. Wenn das Universum soundsoviel Lichtjahre groß sein soll, die Welt aber
vom Allmächtigen geschaffen wurde, müsste der
Allmächtige eine Grenze und einen Rand haben.
Daher ist die Bezeichnung von soundsoviel Lichtjahren irreführend, ja sogar falsch. Der HERR lässt
sich nicht mit Zahlen belegen.

Von Nichts kommt Nichts. Das Wort Zufall dient
nicht als technische Berechnungsgrundlage. Die
Stecknadeltheorie besagt Ähnliches. Diese Theore-
tiker sagen, der Ursprung der Welt sei so groß wie
eine Stecknadel gewesen. Es herrschten zudem
hohe Temperaturen. Im Laufe von Milliarden von
Jahren sei die heutige Welt entstanden. Demnach
wird die Welt stets größer und kälter. Es würde
jetzt viel zu weit führen, würde man die Ausführungen Igor Bogdanov zur Zufallstheorie zitieren
(Seite 74). [1]

Edwin Hubble war ein US-amerikanischer Astronom (1889-1953). Nach ihm wurde ein Weltraum-
teleskop benannt. Die heutigen Nachfolger schau-
en in ferne Galaxien. Es sind Spiralnebel, rote
und gelbliche Nebel zu sehen. Eine unbekannte,

gespenstische Welt wird gezeigt. Sind die Wolkengebilde, die für die Entstehung neuer Welten stehen sollen, zutreffend? Oder werden lediglich gemachte Bilder gezeigt? Da die Welt anfangs so groß wie eine Stecknadelkopf gewesen sein soll, ist anzunehmen, das die Welt stetig größer und kälter wird, und Sterne und Planeten auseinander driften. In einer Milliarde, Milliarde und Milliarden von Jahren strebt der Mond der Sonne zu. Man sieht Sterne, Monde und Sonnen. Aber was besagt das! Jean Guitton stellt die Frage, welche Kraft hat dem Universum die Form gegeben, die es heute aufweist?

Nach Hawkings Meinung streben Teile von Lichtstraßen Schwarzen Löchern zu. Wer kann diese komplizierte Welt verstehen? Je komplizierter, desto besser. Eine allegorische Deutung: Es gibt die Länder A, B und C. Nehmen wir weiter an, im Land A herrscht ein Diktator auf grausame Weise. Die Menschen von A wandern nach B und C. Menschen streben anderen Ländern zu. B und C können die Menschenmassen nicht mehr fassen. Ein Teil von B und C wandert zurück nach A, das menschenleer geworden ist. Das Ganze könnte man als Völkerwanderung bezeichnen. Kann man das auch auf Sternbewegungen beziehen? Eine Ding besteht nur durch ein anderes. Dazwischen ist ein Feld. Wie zwischen Mann und Frau das Feld der Ehe besteht, ohne dass der Begriff ‹Ehe› sichtbar ist.

Es gibt theoretisches und praktisches Wissen.

• [Rudolf Diesel:] Er wurde (1858) als Sohn verarmter deutscher Einwanderer in Paris geboren. Der junge Ingenieur hatte die Idee, Luft zu verdichten und dann unter Zuführung von Kraftstoff zur Entzündung zu bringen. Man spricht von der Selbstentzündung des Motors. Als es ihm schließlich gelang, einen kleinen Verbrennungsmotor, den späteren Dieselmotor, zu bauen, wurden die Vorteile schnell erkannt. Die Idee, einen Selbstzünderdmotor zu bauen, ist zunächst in seinen Gedanken entstanden. Durch mehrere Versuche kam die Idee zur Realisation.

•[Ignaz Semmelweis:] Eine Besonderheit stellt Ignaz Semmelweis (1818-1865) dar. Um 1840 starben viele Frauen im Kindbettfieber. Als Ursache fand Semmelweis mangelnde Hygiene. Zunächst haben seine Kollegen seine Ausführungen als spekulativen Unfug bezeichnet. Als Ärzte[6] Tote sezierten, reinigten sie sich nicht nachher die Hände (desinfizieren). Es zeigte sich später, dass dies die Ursache des Kindbettfiebers war.

Da seine Kollegen ihm die Ehre nicht erwiesen, starb Semmelweis später in der Irrenanstalt. Erst der schottische Mediziner Joseph Lister, (1.Baron Lister), und dann Robert Koch und Louis Pasteur haben seine Arbeiten völlig rehabilitiert. Semmelweis gilt als »Retter der Mütter«. Semmelweis konnte am Erfolg nicht mehr teilhaben. Wer eine andere Meinung hat, muss sich in acht nehmen, damit er nicht auf Gröbste beschimpft wird.

Wikipedia schreibt:

»Wissenschaft ist die Erweiterung des Wissens durch Forschung, dessen Weitergabe durch Lehre, der gesellschaftliche, historische und institutionelle Rahmen, in dem dies organisiert betrieben wird, sowie die Gesamtheit des so erworbenen Wissens. Forschung ist die methodische Suche nach neuen Erkenntnissen sowie deren systematische Dokumentation und Veröffentlichung in Form von wissenschaftlichen Arbeiten. Lehre ist die Weitergabe

---

[6]Die Bibel erwähnt in 3.Mose 21,1 dass man sich an Toten nicht verunreinigen soll.

der Grundlagen des wissenschaftlichen Forschens, die Vermittlung eines Überblicks über das Wissen eines Forschungsfelds und den aktuellen Stand der Forschung sowie die Unterstützung bei deren Vertiefung.«[9]

• Euklid und die euklidische Gerade.

»Über das Leben Euklids ist fast nichts bekannt. Aus einer Notiz bei Pappos hat man geschlossen, dass er im ägyptischen Alexandria wirkte. Die Lebensdaten sind unbekannt. Die Annahme, dass er um 300 v. Chr. gelebt hat, beruht auf einem Verzeichnis von Mathematikern bei Proklos, andere Indizien lassen hingegen vermuten, dass Euklid etwas jünger als Archimedes (ca. 285–212 v. Chr.) gewesen sei. Aus einer Stelle bei diesem Gelehrten hat man auch geschlossen, er sei um das Jahr 360 v. Chr. in Athen geboren worden. Dort hatte er seine Ausbildung an Akademie Platons erhalten und dann zur Zeit Ptolemaios' I. (ca. 367–283 v. Chr.) in Alexandria wirkte.«[9]

• Nikolaus Kopernikus wurde 1473 in Thorn (ehem. Pommern) geboren und starb 1543 in Frauenberg. Seine Leistung bestand im Erfordern des heliozentrischen Weltbildes mit der Sonne als Zentrum. Es soll von Claudius Ptolemäus und Aristoteles beeinflusst worden sein. Seine Ausbildung wurde in Krakau, Bologna, Padua und Ferrara vervollständigt. Sein bekanntestes Werk: De revolutionibus orbium coelestium (1543) (deutsch: Über die Umlaufbahnen der Himmelssphäre.

• Der Satz des Pythagoras (auch Hypotenusensatz) ist einer der fundamentalen Sätze der euklidischen Geometrie. Er besagt, dass in allen ebenen rechtwinkligen Dreiecken die Summe der Flächeninhalte der Kathetenquadrate gleich dem Flächeninhalt des Hypotenusenquadrates ist.

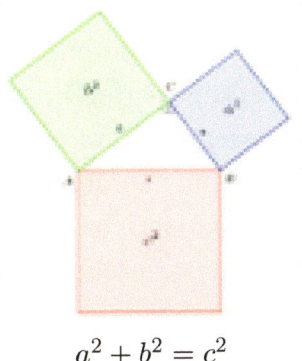

$$a^2 + b^2 = c^2$$

Seit Kopernikus begann man die Dogmen der Kirche zu hinterfragen. Hierzu gehört auch der Konflikt Martin Luthers mit der damaligen Kirche und der Gründung der evangelischen Kirche. Dem heliozentrische Weltbild des Kopernikus muss man

Dank aussprechen, weil die Wissenschaftler der
nachfolgenden Generationen, die Grundlage für
die heutige Astronomie schufen. Das kopernika-
nische Weltbild stellt die Sonne ins Zentrum des
Weltalls. Das revolutionierte in der Renaissance die
Astronomie. Sowohl Kopernikus, als auch Galilei
und Kepler haben sich auch mit Astrologie beschäftigt. Irgendwie hat der Glauben auch mit Unglau-
ben zu tun. Übrigens erläuterte Kopernikus auch
Gedanken zum Münzwesen; er meinte, die Inflati-
on entstehe durch reine Zunahme von Geldmitteln.
Er wurde 1564 in Pisa geboren und starb 1641 oder
1642 in einem Ort nahe Florenz. Er war ein italienischer Universalgelehrter. Er war Philosoph,
Mathematiker, Ingenieur, Physiker, Astronom und
Kosmologe. Viele seiner Entdeckungen, vor allem
in der Mechanik und der Astronomie, gelten als
bahnbrechend. Er entwickelte die Methode, die
Natur durch die Kombination von Experimenten,
Messungen und mathematischen Analysen zu erforschen, und wurde damit einer der wichtigsten
Begründer der neuzeitlichen exakten Naturwissen-
schaften geschaffen. Berühmt wurde er die Ver-
urteilung durch die katholische Kirche. Erst 1992
wurde er rehabilitiert.[9] Galilei war der erste

Naturwissenschaftler, der ein Fernrohr besaß und Himmelskörper beobachtete. Er schleifte selbst Linsen, die eine 30-fache Vergrößerung erbrachte. Er soll auch den Rechenschieber entwickelt haben. Dieser hatte Bestand bis in die 60 Jahre des 20. Jhd.; er wurde durch den Taschenrechner ersetzt. Die Himmelsbeobachtungen über den zerklüfteten Mond konnte er deutlich durch das Fernrohr wahrnehmen. Er war Professor in Padua, auf die sich auch Giordano Bruno Hoffnung gemacht hatte.

• Giordano Bruno: Er wurde 1548 in der Nähe von Neapel geboren. Am 17.2 1600 wurde er in Rom auf dem Scheiterhaufen verbrannt. Er war ein italienischer Priester, Dichter, Philosoph und Astronom. Am 12.März 2000 erklärte Papst Johannes Paul II. nach Beratung mit dem päpstlichen Kulturrat und einer theologischen Kommission, die Hinrichtung sei nunmehr auch aus kirchlicher Sicht als Unrecht zu betrachten.

Was lehrte Bruno? Er postulierte die Unendlichkeit des Weltraums und die ewige Dauer des Universums. Damit stellte er sich der herrschenden Meinung einer in Sphären untergliederten geozentrischen Welt entgegen. Viel schwerer wog damals, dass seine pantheistischen Thesen von

einer unendlichen materiellen Welt keinen Raum
für das Jenseits zu ließen, weil die zeitliche An-
fangslosigkeit des Universums eine Schöpfung und
dessen ewiger Bestand und ein Jüngstes Gericht
ausschlossen. Seine Ideen gelten bis heute als aktu-
ell. Hatte man damals Ideen, die der herrschenden
religiösen Herrschaft entgegenliefen, musste man
um sein Leben fürchten. Heute gibt es atheistische
Zirkel, die seinen Namen tragen. Bruno war er
ein Mensch, der auf Distanz zur Lehre der Kirche
ging.

- Johannes Kepler: Er wurde im Jahr 1571 in
Weil der Stadt, einer Stadt im heutigen Baden-
Württemberg, geboren und starb 1630 in Regens-
burg. Er lebte in einer Zeit beginnender wissenschaftlicher Neuorientierung. In der frühen Neuzeit, in der er lebte, hatte Kopernikus seine Vorstellungen zum heliozentrischen Weltbild entwickelt.
Mikroskop und Fernrohr wurden erfunden. Der
dänische Astronom Tycho Brahe (1546–1601) führte zahlreiche Sternbeobachtungen durch. Heftige
Auseinandersetzungen gab es um das heliozentrische Weltbild. Denn die katholische Kirche nahm
die Aussage: **Im Anfang schuf Gott Himmel und
Erde**, allzu wörtlich. Sie sagte, dass kosmische

Weltbild sei eine vom Satan diktierte Theorie.

Kepler war Lutheraner. Er fand eine Anstellung in Linz. Seitdem aber die österreichische Stadt katholisch wurde, hatte er keine Einkommen mehr. Er fand sie beim dänischen Astronomen Tycho Brahe, der in Städten wie Rostock und Prag forschte und lehrte. 1560fand eine Sonnenfinsternis statt. Sie wurde von Brahe gesehen. 1572 beobachte er mit seiner Schwester eine Supernova. Das war ein absolutes Novum in der Astronomie. Im Jahr 1594 entstand Keplers erstes astronomisches Werk, das unter dem Titel **Mysterium cosmographicum** (Geheimnis der Weltbeschreibung) herausgegeben wurde. In diesem recht spekulativem Werk werden die geometrischen Eigenschaften regulärer Körper mit den Abständen der Planetenbahnen in Verbindung gebracht und daraus den **"göttlichen Bauplan des Universums"** entwickelt.

• Erwin Schrödinger: »Man sollte meinen, dass die Naturwissenschaft keine klareren Antworten geben kann als die Physik. Wenn wir die Natur anschauen, haben wir es mit einer steten Abfolge von Gleichmäßigkeit zu tun. Nirgends können wir von einer Willkür in der Natur sprechen. Eine Abfolge bedingt oder verursacht eine weitere

Abfolge. Solche Erscheinungsmerkmale können statisch oder dynamisch sein.« Er schreibt weiter: »Die statische Betrachtungsweise verleiht dem Entropiesatz (griechisches Kunstwort für **Wendung, Umwandlung** mit folgenden Inhalt: Alles Geschehen entwickelt sich von relativ geordneten gegen relativ ungeordnete Zustände.« (Er hat sich dem indischen Glauben zugewandt.)

• Max Planck: »Meine Herren, als Physiker, der sein ganzes Leben der nüchternen Wissenschaft, der Erforschung der Materie widmete, bin ich sicher von dem Verdacht frei, für einen Schwarmgeist gehalten zu werden. Und so sage ich nach meinen Erforschungen des Atoms dieses: Es gibt keine Materie an sich. Alle Materie entsteht und besteht nur durch eine Kraft, welche die Atomteilchen in Schwingung bringt und sie zum winzigsten Sonnensystem des Alls zusammenhält. Da es im ganzen Weltall aber weder eine intelligente Kraft noch eine ewige Kraft gibt, ist es der Menschheit nicht gelungen, das heiß ersehnte Perpetuum Mobile zu erfinden. Wir müssen hinter dieser Kraft einen bewussten intelligenten Geist annehmen. Dieser Geist ist der Urgrund aller Materie. Nicht die sichtbare, aber vergängliche Materie ist das

Reale, Wahre, Wirkliche; denn die Materie bestün-
de ohne den Geist überhaupt nicht, sondern der
unsichtbare, unsterbliche Geist ist das Wahre! Da
es aber Geist an sich ebenfalls nicht geben kann,
sondern jeder Geist einem Wesen zugehört, müssen wir zwingend Geistwesen annehmen. Da aber
auch Geistwesen nicht aus sich selber sein können,
sondern geschaffen werden müssen, so scheue
ich mich nicht, diesen geheimnisvollen Schöpfer
ebenso zu benennen, wie ihn alle Kulturvölker
der Erde früherer Jahrtausende genannt haben –
Gott! Damit kommt der Physiker, der sich mit der
Materie zu befassen hat, vom Reiche des Stoffes
in das Reich des Geistes. Und damit ist unsere
Aufgabe zu Ende, und wir müssen unser Forschen
weitergeben in die Hände der Philosophie.«

• Richard Feynman: Betrachten wir eine Kraft
wie eine Gravitation, die umgekehrt proportional
dem Quadrat der Entfernung ist, aber ungefähr
eine Milliarde mal einer Milliarde mal einer Milliarde mal einer Milliarde stärker ist. Dazu kommt
noch ein weiterer Unterschied: Es gibt zwei Arten
von Materie, die wir positiv und negativ nennen
können. Gleiche Arten stoßen einander ab, unglei-
che Arten ziehen einander an - im Gegensatz zur

Gravitation, wo es nur Anziehung gibt. Was würde weiter passieren? Ein Bündel positiver Körper
würde infolge der enormen abstoßenden Kräfte in
alle Richtungen zerstreuen. Ein Bündel negativer
Körper würde das Gleiche tun. Hingegen würde
sich eine ausgewogene Mischung aus positiven
und negativen Körpern völlig anders verhalten.
Die entgegengesetzten Körper würden durch enor-
me Anziehung zusammengehalten. Das effektive
Ergebnis wäre dann ein nahezu vollkommenes
Gleichgewicht zwischen diesen fürchterlichen Kräf-
ten, die feste, feine Mischungen aus positiven und
negativen Körpern bilden [...]

Es gibt eine solche Kraft, nämlich die elektrische.
Und die gesamte Materie ist eine Mischung aus
positiven Protonen und negativen Elektronen, die
einander mittels dieser großen Kraft anziehen
und abstoßen. Das ist vollkommen [...] Doch [...]
die kleinste Unausgeglichenheit würde wahrge-
nommen werden. Ständen wir eine Armlänge von
jemandem entfernt, so wäre die abstoßende Kraft
unfassbar groß. Wie stark wäre sie? Stark genug,
um das Empire State Building hochzuheben? Nein!
Um den Mount Everest hochzuheben? Nein. Die
Abstoßung wäre so groß, dass sie ein Gewicht

hebt, das dem der ganzen Erde entspricht.[7] Wären es nur negative Kräfte, würden sie auseinander streben. Der Weltraum würde scheinbar größer.

• [Robert Laughlin:] Interview mit dem Spiegel (1/2008). Er wurde nach der Beweisbarkeit wissenschaftlicher Aussagen befragt. Hier ein Auszug:[5]

• [Spiegel:] Und was ist Wahrheit? Dass das Universum im Urknall entstanden ist?

• [Laughlin:] Das ist Unfug. Viele stellen mir quasi religiöse Fragen. Woher wir kommen, wie das Universum entstanden ist und so weiter. Da kann ich als Physiker nur antworten: Da bin ich kein Experte in Sachen Experiment und Messung.

• [Spiegel:] Aber es gibt doch durchaus Messungen, die das Uhrknallszenario stützen. Die Rotverschiebung des Lichts ferner Galaxien, die Verteilung von Wasserstoff und Helium im Universum...

• [Laughlin:] [...]ja, und außerdem der Mikrowellen-Hintergrund. All das sind echte Daten. Aber das Uhrknallszenario ist nur eine Art Synthese daraus – eine Theorie.

• [Spiegel:] Und was ist in Ihren Augen der Wert einer solchen Synthese?

---

[7]Richard Feynman, Nobelpreis 1965 Physik (Quantenfeldtheorie)

- [Laughlin:] Letztlich ist das nichts als Marketing. Wenn wir unseren Kindern etwas beibringen, dann reden wir zuerst von unseren Vorstellungen und Ideen, weil das leichter zu verstehen ist. Aber was für mich als Physiker wirklich zählt, das sind allein die Daten. (...) Ich bin es satt, in Seminaren zu sitzen und mir Spekulationen über Schwarze Löcher und Superstrings anzuhören. Niemand redet da über Experimente. Wer wirklich originelle Dinge hervorgebracht hat, der weiß: Du musst dich zu disziplinieren wissen. Rede nur über Dinge, die auch messbar sind.

- [Simon:] [**Simon**] Die Quantentheorie hebt den Unterschied zwischen Feld und Teilchen auf und damit den Unterschied zwischen dem, was materiell ist bzw. zwischen der Materie und dem, was man Immateriell nennt. Man wird dies das Geistige nennen wollen. Die Verschmelzung von der Relativitätstheorie und der Quantentheorie, ist die »relativistische Quantenfeldtheorie«. Sie kam zu dem Ergebnis, dass Teilchen nicht durch sich selbst, sondern nur mittels ihrer Wirkungen, die sie hervorbringen, existieren. Kein Ding existiert von sich aus, sondern durch ein anderes.

- [Pauli:] Die wesentlichen meta-theoretischen

Aussagen der Religionen werden von der Wissenschaft weder bestätigt noch widerlegt.

• [C.F.v. Weizsäcker:] Die moderne Physik gibt uns keinen Anlass zu glauben, ihre Gesetze beherrschen nur das, was wir «materiell» nennen, oder es gebe nichts anderes. Die Welt ist im Tiefsten nicht materiell, sondern geistig.

• [Planck:] Der wohl unmittelbare Beweis für die Verträglichkeit von Religion und Wissenschaft, auch bei gründlich-kritischer Betrachtung, ist die historische Tatsache, dass gerade die größten Naturforscher aller Zeiten, Männer wie Kepler, Newton, Leibniz von tiefer Religiosität geprägt waren.

• [Popper:] Unsere europäische Zivilisation ist die Einzige, die eine Naturwissenschaft hervorgebracht hat, und in der diese Wissenschaft eine geradezu entscheidende Rolle spielt. Sie ist das Produkt des Rationalismus, der antiken griechischen Philosophie.

• [Leisenberg:] Er zitiert den Astrophysiker H. Lesch: Glauben Sie an eine Viele-Welt-Theorie: Nein. Das ist eine Sache, mit der kann ich überhaupt nichts anfangen. Ehrlich gesagt, ist das der verzweifelte Versuch um Gott herumzukommen. Swinburne: »Eine Billion Billionen anderer Universen postulieren anstelle von einem Gott, um das Universum zu erklären, scheint der Gipfel der Irrationalität zu sein.«

• [Die Bibel:] »So spricht der HERR: Wenn man den Himmel oben messen könnte und den Grund der Erde unten erforschen, dann würde ich auch verwerfen das ganze Geschlecht Israels [...]«, Jeremia 31,37. Jeremia dachte anders als viele seiner Schriftpropheten.

• [Die Bibel:] Psalm 90, 10: Unser Leben dauert siebzig Jahre, und wenn wir noch Kraft haben, dann auch achtzig Jahre. Und was uns daran so wichtig erschien, ist letztlich nur Mühe und trügerische Sicherheit. Denn schnell eilen unsere Tage vorüber, als flögen wir davon.

Doch wie verwirrend bleibt die Frage, die einmal ein Physiker gestellt hat: »Wie kann ein Energiestrom, der ziellos dahinfließt, das Leben und das Bewusstsein in der Welt verbreiten?« [1]

Der Gottesbegriff bei den Engländern ist zu hinterfragen. Es wird unterstellt, Gott sei eine andere Art Wesen. Er hätte schütteres Kopfhaar und ein langen Bart, der über die Brust herabfällt. Auch viele Christen verstehen unter Gott, als sei er ein Zusatz zur Natur.

Als einer der ersten Denker der Neuzeit gilt Charles Darwin. Er studierte Theologie unter William Paley. Darwin war entzückt von der Beweisführung Paleys. Später stellte er die Lehre auf den Kopf.[wuk] In Cambridge, wo er Theologie studierte, traf er mit dem Botaniker John Steven Henslow zusammen, zu dessen Schülerkreis er bald gehörte. Er übte auf Darwin großen Einfluss aus. Henslow war gläubiger Christ und Landpfarrer (1839). Als Darwin am Vermessungsschiff HMS Beagle von 1831-1836 teilnahm und mit anderen Kulturen und Naturen zusammentraf, ging er auf Distanz zur Lehre Paleys. An Bord nahm er eine Sonderstellung ein. Er speiste mit dem Kapitän. Sein Spitzname war »Fliegenfänger«. Als Darwin einige Gegenden des brasilianischen Urwalds durchwanderte, war er entzückt. Er sprach von der Eleganz der Gräser, Schönheit der Blumen, Geräusch von Insekten, glänzendes Grün des Laubes, Neuheit der parasitischen Pflanzen. Er sprach von der Veränderung der Arten. Dass sich Arten im Laufe von Jahren, Jahrhunderten und Jahrtausenden ändern, versteht sich von selbst. Wenn er aber von der Entstehung der Arten und vor allem von der Entstehung des Menschen spricht, dann

klingeln sämtliche Alarmglocken. Obwohl, und
das ist unstrittig, die Hände der Menschen leicht
gekrümmt sind, als ob sie früher auf Bäumen ge-
klettert seien. Wenn vom Affen abstammend, fragt
sich, warum gibt es immer noch Affen? Auch der
Kampf ums Dasein, das Darwin formulierte, ist nur
zu verständlich. Darwin war ein religiöser Mensch.
Und er war Einzelgänger. Er hat nie Vorträge gehalten. Als er 1892 starb, starb er einsam. Das
offizielle England nahm zunächst keine Kenntnis
von ihm. Er wurde einfach ignoriert.[wuk]

Franz M. Wuketits schreibt in seinem Büchlein »Darwin und der Darwinismus« zum Schluss
den bemerkenswerten Satz: »Man kann Darwin
mit Fug und Recht als einen der bedeutendsten
Aufklärer bezeichnen.«[wuk] Dem kann man zu-
stimmen. Überhaupt ist das Büchlein gut zu lesen.
Es hat nur 108 Seiten, Format 180 x 120 mm. Es
hat einen komfortablen Index. Die beiden Begriffe
Schöpfung oder Evolution sind abstrakter Natur.
Es sind bloße Annahmen aber keine Fakten.

Ernst Mayr, 1904-2005, war ein deutsch-amerika-
nischer Biologe. Man nannte ihn den „Darwin des
20.Jahrhunderts".

Mayr schreibt:

»Die von Darwin eingeleitete intellektuelle Revolution reichte weit über die Grenzen der Biologie hinaus; sie führte zur Absage an eine grundlegende Glaubensvorstellungen jener Zeit. So widerlegte Darwin den Glauben an die individuelle Erschaffung einer jeden einzelnen Art und setzt an seine Stelle die Überlegung, alles Leben stamme von einem gemeinsamen Vorfahren ab. In Ausweitung dieses Gedankens führte Mayr die Vorstellung ein, sie sei nicht das Ergebnis eines Schöpfungsakts, sondern habe sich gemäß überall sonst in der Welt wirksamen Prinzipien entwickelt...«

Mayr stammte aus dem Allgäu, insofern könnte er dem katholischen Glauben zugehörig gewesen sein. Das wird deutlich mit der Erwähnung **Schöpfungsaktes**.

Es ist erstaunlich, was für Vorstellungen Mayr hat. Er spricht von intellektueller Revolution, Erschaffung des Menschen, Schöpfungsakt. Was aber sind **wirksame Prinzipien?** Wie Darwin ist auch Mayr ein religiöser Mensch. Er leistete sich einen Fauxpas:

»Evolutionsdenken und Evolutionsmodelle wenden wir an, wenn wir uns mit der Antibiotikresistenz von Krankheitserregern, der Pestizidresistenz von Schädlingen, der Bekämpfung von Krankheitserregern (z.B. Malariamücken), Krankheitsepidemien, der Herstellung neuer Nutzpflanzen. Letztlich erforschen Wissenschaftler die Evolution. Sie hat alle Teilgebiete der Biologie gewaltig bereichert.« Der eigentliche Begriff **Evolution** wurde von Herbert Spencer begründet (Seite 64).[**wuk**]

Fred Hoyle schreibt: »Die Wahrscheinlichkeit, dass sich aus unbelebter Materie Leben entwickelt hat, beträgt eins zu einer Zahl mit 40.000 Nullen. Diese ist groß genug, um Darwin und die ganze Evolutionstheorie unter sich zu begraben.«

• [Dawkins:] »Wir brauchen den Aberglauben nicht mehr, wenn wir Antworten auf folgende tiefe Fragen haben wollen: Hat das Leben einen Sinn? Wozu sind wir hier? Was ist der Mensch?« Leider gibt Dawkins keine Antworten auf seine eigenen gestellten Fragen. Stellen sich Menschen überhaupt die Frage, ob das Leben einen Sinn macht? Diese Frage kann man sich stellen, findet man aber keine Antworten, macht man einfach weiter so. Wer Bücher schreibt, wie Dawkins, erwartet daraus Erfolg. Das ist eine Sache des Glaubens.

Der Biologe schreibt in seinem Buch **Der Gotteswahn** den Satz: »Es gibt mit großer Wahrscheinlichkeit keinen Gott.« So, als würde es einen anderen geben. Lässt man die Beifügung „mit großer Wahrscheinlichkeit„ weg, lautet der Satz: **Es gibt keinen Gott.** Da aber der Satzanfang ‚Es gibt' eine positive Satzfortführung verlangt, heißt der Satz jetzt: **Es gibt Gott.** Das wollte Dawkins nicht sagen. dies

• [Stephen Hawking:] Stephen William Hawking (geboren 8.Januar 1942; gestorben 14.März 2018) war ein britischer theoretischer Physiker und Astrophysiker. Von 1979 bis 2009 war er Inhaber des renommierten Lucasischen Lehrstuhls.[8]

Stephen Hawking hat sich mit Arbeiten zur Kosmologie, zur Allgemeinen Relativitätstheorie und zur Physik der Schwarzen Löcher beschäftigt. Im Jahr 1981 nahm Hawking an einer Kosmologietagung im Vatikan teil. Dort hatte er sein Konzept

---

[8]Er wurde von Henry Lucas (um 1610–1663) einem Abgeordneten der Universität im Englischen Unterhaus, im Jahre 1663 gestiftet, indem er der Universität Landbesitz übertrug, um den Lehrstuhl am Trinity College zu finanzieren.[9]

des endlosen Universums vorstellt. In diesem Vortrag stellte er das All zugleich als ein Phänomen dar, welches einfach vorhanden ist und dementsprechend keinen Schöpfergott braucht, (die Bezeichnung **Schöpfergott** ist irreführend.) noch durch einen Schöpfer geschaffen wurde und ein Ende hat. Wenn aber das Universum wirklich in sich völlig geschlossen wäre, wenn es wirklich keine Grenze und keinen Rand hätte, dann hätte es weder einen Anfang noch ein Ende; es würde einfach sein. Hawking fragte: »Wo wäre dann noch Raum für einen Schöpfer?« Hawking kann nicht akzeptieren, dass Gott etwas Seiende ist.

Die Formulierung Hawkings, das Universum hätte einen Anfang gehabt und das wäre ein Zeugnis für die Existenz Gottes, zeigt das falsche Gottesverständnis. Gerade das Wissen, der Allmächtige hat keinen Anfang, das ist ja gerade der Beweis für die Existenz Gottes. Ein Zitat von ihm: »Die Welt hat sich aus dem Nichts geschaffen.« Nichts mal Nichts bleibt Nichts. Wer hätte das gedacht? Wie kann aus dem Nichts etwas geschaffen sein? Im anderen Fall wäre die Welt eine Imagination. Hawking wurde von seiner Frau als Mensch beschrieben, der auf der Suche nach der Weltformel sei und sich bisweilen als Gott empfinde. Er sei eine religiöse Ikone. Es soll Frauen gegeben haben, die ihre Babys zu ihm gebracht haben, damit er sie berühre. Sie vermuteten, wer im Rollstuhl sitzt und kein Wort sprechen kann, dieser Mensch verströmt eine Aura, die bestimmte Menschen für heilig halten.

Das Medium GOTT bedeutet Ewigkeit. Es ist nicht der Zeit unterworfen. Im Gegensatz zum Menschen. Das macht den Unterschied aus. Weil das Universum, Luftraum und Erdraum unendlichen Charakter hat, kommt ein Urknall, Endknall, Ursuppe und Stecknadeltheorie nicht zur Anwendung. Irgendwann soll das Universum aus dem Urknall entstanden sein. Unvorstellbare Temperaturen sollen geherrscht haben. Was aber war vor dem Urknall? Was ist aus den superheißen Temperaturen geworden? Hawking schreibt: »Die Gesamtenergie des Universums ist gleich Null. Und zweimal Null ist ebenfalls Null« (Seite 168). Den sogenannten Urknall kann man nicht hören – man war ja nicht dabei. Wohl hört man Knalle, wenn ein Hochhaus gesprengt wird, Autos ineinander krachen oder Erdbeben entstehen.

Das populäre Buch EINE KURZE GESCHICHTE

DER ZEIT.[2] zeigt, wie verworren die heutige theoretische Physik ist. Als Hawking starb, wurde ein Kollege von ihm gefragt, wo Hawkings Seele jetzt sei? Er sagte, er sei in eines der Schwarzen Löcher gekrochen. Hoffentlich hat er sich nicht der Dunklen Seite der Macht zugewandt und kommt mit einem Lichtschwert zurück. Da er auch von Wurmlöcher spricht, wird er nach Lichtjahren auf der anderen Seite das Universums löchrig und wurmstichig hervorkommen.

Hawking mutmaßte, dass irgendwann die Erde in die Sonne stürzt. »Das soll in tausend Millionen Millionen Millionen Millionen Jahre geschehen. Also noch kein Grund zur Besorgnis,« (Seite 121). Und weiter: »Die These, dass Zeit und Raum eine gemeinsame Fläche bilden, die von endlicher Größe, aber ohne Grenze oder Rand ist, sagte er erstmals auf jener Konferenz im Vatikan.« Wie kann Zeit und Materie eine Fläche sein?

Eine weitere britische Größe war Bertrand Russell (1872–1970). Er war Mathematiker, Philosoph und Literatur-Nobelpreisträger (1950). Seine Mutter sei gläubig gewesen, sagt er. Russell war Pazifist[9] und wurde gerne zu Vorträgen eingeladen.

---

[9]Haltung, die jede Art von Krieg ablehnt.

Er schrieb 1957 das Essay »Warum ich kein Christ bin.« Er argumentierte folgendermaßen: »Alles Erschaffene hat eine Ursache, einen Ursprung. Er fragt: Wer hat Gott erschaffen?«

Da aber Gott zeitlos ist, wurde er nicht erschaffen. Er war schon immer da. Russell war auch bekannt für tiefe und zugleich wahre Zitate: »Die moderne Menschheit hat zwei Arten von Moral: eine, die sie predigt, aber nicht anwendet, und eine andere, die sie anwendet, aber nicht predigt.«

Russell geht von Gott aus; er spricht ja von ihm. Es gibt eine Vielzahl irdischer Dinge. Leider ist der Allmächtige kein irdisches Ding. Wenn es so wäre, hätten die Menschen ihn längst beseitigt. Er ist auch nicht eine von Menschen geschaffene mediale Macht. Der Ewige ist Geist; er ist das Medium, das zwischen Himmel und Erde schwebt. Blickt man in die Natur, so hat man ein Bild vom Allmächtigen. Mit jedem Atemzug wird seine Existenz bestätigt. Das Firmament hatte keinen Anfang. Wäre das anders, hätte der Kosmos eine Grenze. Der Ewige hat keinen Anfang und somit auch kein Ende. Auf der anderen Seite erwähnte Russell den Begriff ‹Höllenfeuer›. Das wird in Matthäus 5,22 erwähnt.

»Ich aber sage euch: Jeder, der auf seinen Bruder zornig ist, gehört vor Gericht. Wer zu seinem Bruder sagt: ‹Du Dummkopf›, der gehört vor den Hohen Rat. Und wer zu ihm sagt: ‹Du Idiot›[10], der gehört ins Feuer der Hölle.«

Man hat den Eindruck, Begriffe wie ‚Hölle und schwarze Löcher' sind geistig miteinander verwandt. Wer dort landet, dem schlägt das ewige Feuer entgegen. Eine weitere Frage geht dahin, wie groß das Universum ist? Fachleute sind sich selbst nicht einig. Die eine Gruppe spricht von 78 Milliarden Lichtjahre, die andere Gruppe nennt 138 Milliarden. Wie auch immer, sowohl der eine Wert als auch der andere, entspricht nicht dem menschlichen Vorstellungsvermögen. Wer kann mit solchen Zahlen etwas anfangen? Das Universum ist nicht begrenzt und hat auch keinen Rand.

---

[10]Du gottloser Mensch. Du törichter Mensch.

Der Glaube

»Der Tod ist die uns zugewandte Seite jenes Ganzen, dessen andere Seite Auferstehung heißt.«

Romano Guardini (1885-1968)- deutscher
Religionsphilosoph

Bisweilen ist zu hören, Glaube und Wissen seien Gegensätze. Das ist eine bloße Annahme, denn in der Bibel ist auch von Wissen die Rede. Was aber versteht man unter dem Wort ‚Glauben?'Das deutsche Wort wird mit Erwartung, Hoffnung und Zuversicht wiedergegeben. So ist das Wort ein leicht zu verstehendes. Jeder Mensch glaubt, das heißt, sein Blick ist nach Vorne gerichtet – eben Hoffnung haben. Wenn ein Mensch glauben will, schweigt er, denn er erwartet etwas von HERN. Es heißt bekanntlich, in der Ruhe liegt die Kraft!

Was sagt Jesus zum Glauben?

Matthäus 17,20:

»Ich sage euch: Selbst wenn euer Glaube nur so groß ist wie ein Senfkorn, könnt ihr zu diesem Berg sagen: Rücke von hier nach dort, und er wird dorthin rücken. Nichts wird euch unmöglich sein.«

Nun darf man nicht vermuten, zu einem Berg zu sagen, er soll sich ins Tal stürzen oder an eine andere Stelle rücken. Jesus sagt: Habt Mut zum Glauben. Wissen ist Vergangenheitsbezogener Glaube, er ist immer in Zukunft gerichtet. Wenn man diese beiden Welten berücksichtigt, weiß man, was Jesus meinte.

Hebräer 11,1:

»Was ist denn der Glaube? Er ist ein Rechnen mit der Erfüllung dessen, worauf man hofft, ein Überzeugtsein von der Wirklichkeit unsichtbarer Dinge.«

Die Bibel sagt einiges zum Wissen.

Matthäus 6,3-4:

»Wenn du den Armen etwas gibst, soll deine linke Hand nicht wissen, was die rechte tut. Was du gibst, soll verborgen bleiben. Dann wird dein Vater, der ins Verborgene sieht, dich belohnen.«

Oder der Text in **Lukas 13,56:**

»Ihr Heuchler! Ihr beobachtet die Erde und den Himmel und könnt so das Wetter beurteilen. Wieso könnt ihr dann nicht die gegenwärtige Zeit beurteilen?«

Als Jesus von den Toten auferstand und sich seinen Jüngern zeigte, waren sie froh und voller Hoffnung (Johannes 20,19-29). Paulus war ein Kenner alttestamentlicher Zahlen. Die ersten Christen versammelten sich in Häusern. Dort wurden Türen verschlossen und die Versammlung fanden im Geheimen statt. Nach der Auferstehung baute man Gotteshäuser, Kirchen, Dome und Kathedralen. Sie alle anzuführen würde zu weit führen. Denken wir an Hagia Sophia, Petersdom, Kölner Dom, Dom zu Speyer, Santiago de Compostela, Westminster Abbey und die Basilius-Kathedrale.

2.3. Gut und Böse

»Es steht nicht in unserer Macht zu erklären, warum Böse ruhig leben und Gerechte leiden.«

Rabi Jannai (Sprüche der Väter, Pirke Awot, 4,19.)

Nach der Bibel sind Adam und Eva das erste Menschenpaar. Es wird gesagt, sie sollen im Garten in Eden (griech. Paradies) gelebt haben. In diesem

Garten standen zwei Bäume. Der eine war der
Baum des Lebens, der andere hieß der Baum
von Erkenntnis von Gut und Böse. Die Schlange
verführte Eva, von den Früchten vom Baum des
Guten und Bösen zu essen. Als Zeitraum gilt etwa
1.700 v. Chr. Allerdings konnte kein Mensch vorher
gelebt haben. So ist die Geschichte von Adam
und Eva eine Erfindung des Judentums. In der
Offenbarung des Johannes 22,2 trägt der Baum des
Lebens zwölfmal im Jahr Früchte. Jeden Monat
kann abgeerntet werden. Freilich ist der Baum des
Lebens eine Idealvorstellung. Der Beginn und die
Dauer dieser idealen Welt hat kein Beginn und
keine zeitliche Begrenzung. Man weiß nicht, wann
die ideale Welt begann und wann sie endete. Der
Baum der Erkenntnis von Gut und Böse ist die
gegenwärtige Welt. Sie entspricht der Welt von
morgen. Der Mensch erkennt von sich aus Gut und
Böse.

- **1.Mose 4, 7:**

»Nicht wahr, wenn du recht tust, darfst du auf-
blicken; wenn du nicht recht tust, lauert an der Tür
die Sünde als Dämon. Auf dich hat er es abgesehen,
doch du werde Herr über ihn!«

Ein Dämon ist ein böser Geist. Einen Menschen

antreibende finstere, oft zerstörende Kraft. Die Situation bezog sich auf Kain und Abel. Kain ermordete seinen Bruder. Abel war Viehhirte und Kain Landwirt. Dann heißt es, der HERR sah auf das Opfer Abels, aber nicht auf das Kains. Selbst im Tierreich gibt es Leittiere. Das wird von den anderen Tieren akzeptiert. Das ist beim Menschen offensichtlich anders. Er hat Erkenntnis von Schuld und Sünde und von Gut und Böse. Es gibt im Fernsehen täglich Kriminalfilme. Man ist ja selbst nicht beteiligt, aber man schaut sich das an. Je böser, desto besser. Als der Kommissar und aufklärt, ist das eine Verkörperung des Guten.

- **Matthäus 12,24-26:**

»Als die Pharisäer das hörten, sagten sie: Wisst ihr, wie er die Dämonen austreibt? Er tut es mit Hilfe von Beelzebul, dem Obersten der Dämonen! Jesus wusste, was sie dachten, und sagte zu ihnen: Jedes Reich, das mit sich selbst im Streit liegt, geht zugrunde, und keine Stadt oder Familie, in der man miteinander im Streit liegt, wird bestehen bleiben. Wenn nun der Satan den Satan austreibt, liegt er mit sich selbst im Streit. Wie kann sein Reich da bestehen?«

Das Böse ist ein dem Guten entgegengesetztes

Sittengesetz und ist von daher verwerflich. Das
Böse ist eine Ursache von Leid in der Welt. Die
Frage, wie das Böse in die Welt gekommen ist,
ist sowohl für die Theologie als auch für die Philosophie ein zentrales Thema. Das Böse und die
Sünde sind zwar gegensätzliche Begriffe, bilden
aber eine Einheit.

Nach der Philosophie des Augustinus wird das
Böse aus dem freien Willen des Menschen heraus, der keine Ursache außer sich selbst hat, in
die Welt gesetzt. Andere theistische Denkansätze
haben versucht, Gott wegen der unvollkommenen
Schöpfung, dem Unrecht und der Ungerechtigkeit
in der Welt anzukreiden. Das Böse wird daher als
nicht seiend aufgefasst. Kant war der Meinung,
„dass ein Mensch das Böse um seiner selbst Willen
wollen könne."

2.4. Die Zeit

»Lass dich nicht beirren, das Leben ist wie ein
Würfel und wahr wär' nur die Sieben.«

Heinz Rudolf Kunze

Die Zeit ist ein großes Thema dieses Buchs.

Nichts gibt es in der Welt ohne die Zeit. Zwischen Tage und Nächte, Monate und Jahre gibt es entsprechende Zeiträume. Nur der Ewige ist zeitlos. Albert Einstein hat mit seiner Formel

$$E = mc^2$$

eine Erscheinungsform der Zeit deutlich zu machen versucht. Einstein sagte, Energie besteht aus Masse x Zeit (Lichtgeschwindigkeit) und die letzten Werte zum Quadrat. Als Masse wird etwas Stillstehendes angenommen. Das übrigens ist keine Formel für den Alltag. Als Masse muss etwas Ruhendes angenommen werden; denn die Welt ist in dauernder Bewegung. Alles fließt. Würde man etwas Ruhende annehmen, gäbe es keine Zeit, kein Feld und damit keine Körper. Die Masse soll überall in der Welt gleich sein, im Unterschied zum Gewicht.

Kein Mensch kann Zeit anhalten, umkehren oder gar sonst wie manipulieren. Alles ist der Zeit unterworfen. Zeit ist eine physikalische Größe. Keiner kann sich außerhalb der Zeit setzen. Zeit ist nach vorne gerichtet, niemals zurück. Ein Datum ist etwas Einmaliges, es kehrt niemals zurück.

Zeit ist Gegenwart, die gerade abgelaufene Zeit ist
Vergangenheit. Zeit bezieht sich auf alle Körper,
Tiere und Menschen. Bei einem jungen Menschen
besteht der Wunsch, die Zeit möge schneller vergehen, damit man schnell erwachsen werde. Ist
man erwachsen, fühlt man, die Zeit vergehe viel
zu schnell. In dem bekannten Nachrichtenmaga-
zin **Focus** wurde über das ewige Leben spekuliert.
Bei einer 90-jährigen Person soll die Zeit auf 60
Jahre zurückgedreht werden können. Irgendwie
will man der Zeit ein Schnippchen schlagen. Das
freilich ist nichts gegen die Frage die einer der
führenden Männer des Judentums stellte (Johannes 3,3-4). Als Jesus sagte: »Wenn jemand nicht
von neuem geboren wird, kann er das Reich Gottes nicht sehen.« Nikodemus fragte: »Wie kann
jemand, der schon alt ist, von neuem geboren werden? Er kann doch nicht in den Leib seiner Mutter
zurückkehren?«

Auch die Bibel spricht von dem Faktor Zeit.
Es heißt, die Welt sei an sechs Tagen erschaffen
worden. Sogenannte Strenggläubige sprechen von
der Erschaffung der Welt in sechs Tagen. Eher ist
anzunehmen, die sechs Tage sind auf den siebten
Tag, dem Sabbat ausgerichtet. Die Zahl sieben wird

herangezogen, um die Vollkommenheit Gottes herzu stellen. Weiter wird von der Zahl sieben (320 mal) und Siebzig (62 mal) gesprochen. Auch die Zahl 666 spielt eine Rolle (Iwan Panin).

• Erkenntnistheorie: Es gibt eine Körperwelt und den Luftraum (Geistraum) darüber. Durch Rotation entsteht das Staub-Sand-Gemisch. Solche Bewegungen sind mit der Zeit gekoppelt. Zeit lässt sich nicht zurückdrehen. Sobald es Körper gibt, die sich im Äther (Luftraum) drehen, gibt es Zeit. Zeit bezieht sich immer auf Körper, die eine Rotation ausführen. Mittelpunkt unseres Sonnensystem ist die Sonne, aber auch die Sonne ist in der Raum-Zeit eingebettet. Es gibt Tage und Nächte, Sommer und Winter und rotierende Himmelskörper (Genesis 1,14-19).

Allen Lebewesen ist der Atem eigen. Regen-Würmer und andere Kleintiere atmen über die Haut. In jeder Sekunde atmet der Mensch neuen Lebensstoff ein. Das erste Einatmen entspricht nicht dem zweiten Einatmen. Der Mensch wird älter. In **Psalm 90,10:** heißt es:

»Unser Leben dauert siebzig Jahre, und wenn wir noch Kraft haben, dann auch achtzig Jahre. Und was uns daran so wichtig erschien, ist letztlich nur Mühe und trügerische Sicherheit. Denn schnell eilen unsere Tage vorüber, als flögen wir davon.«

Das ist ein allgemeiner Wert, eine Richtschnur.

• Um von Zeit zu sprechen, sei eine Ebene angenommen. Als Beispiel sollen zwei Punkte dienen. Nennen wir sie der Einfachheit halber Punkte A und B. Man kann die zwei Punkte mit realen Orten zu verknüpfen. »A« soll für Amsterdam und »B« für Berlin stehen. Der einfache Weg beträgt rund 650 km. Nehmen wir weiter an, eine Person arbeitet in Berlin und fährt am Wochenende nach Amsterdam - oder umgekehrt. Pro Woche kommen 1300 km zustande. Das ist ein Beispiel für Zeit. Dass der Mensch, die Verkehrsmittel und die Straße älter geworden sind, versteht sich von selbst. Der Mensch geht zum Arzt; die Verkehrsmittel zum entsprechenden TÜV und die Straße wird von Baubehörde begutachtet.

Nehmen wir nun an, diese Punkte A und B würde es nicht mehr geben. Was würde daraus folgen? Es würde die Städte Amsterdam und Berlin nicht mehr geben. Und es würde die Menschen, die darin wohnen, auch nicht mehr geben. Sie würden als Erinnerung bestehen. Wenn aber die Punkte A und B für für Sonnen und Planeten stehen, besteht eine Kausalität und reziproker Wert. Wenn keine Körper, besteht auch keine Zeit. Wenn es keine Zeit geben würde, würde es auch keine Körper geben.

2.5. Historische Zeitrechnung

Oben wurde bereits über das Thema Zeit gesprochen. Im Folgenden soll ein historischer Einblick gegeben werden.

Das AT geht zurück auf das Jahr 3988. Das ist Zeit, bei der sich die Erschaffung Welt und der Menschen zugetragen haben soll. Der Tod und Auferstehung Jesu Christi ist für die westliche Welt das Jahr 1. Dionysus Exiguus (470-540) hat das Geburtsjahr Jesu festgelegt. Auch Geschlechtsregister spielten damals eine Rolle. Abraham lebte nach jüdischer Zeitrechnung um das Jahr 2006 v. Chr. Nach christlichen Daten entspricht das dem Jahr 1982 v.Chr. Es wird gerne eine Ahnenreihe aufgeführt. Das Geschlechtsregister des Alten Testaments endet mit dem Jahr 3653, was nach christlicher Zählweise das Jahr 333 v.Chr. entspricht. Die oben beschriebene jüdische Zeitrechnung endet mit Alexander dem Großen.

Prediger 3,1-4

»Alles hat seine bestimmte Stunde. Und jegliches Vorhaben unter dem Himmel hat seine Zeit. Geboren werden hat seine Zeit, sterben hat seine Zeit; pflanzen hat seine Zeit, ausreißen, was gepflanzt ist, hat seine Zeit; töten hat seine Zeit, heilen hat seine Zeit; abbrechen hat seine Zeit, bauen hat seine Zeit; weinen hat seine Zeit, lachen hat seine Zeit; klagen hat seine Zeit, tanzen hat seine Zeit [...].«

Genesis 5,27: Der älteste Mensch in der Bibel war Metuschelach (Methusalem). Sein Alter wird mit 782 Jahre angegeben.

2.Könige 18,13:

»Im vierzehnten Jahr des Königs Hiskija zog Sanherib, der König von Assur, gegen alle befestigten Städte Judas herauf und nahm sie ein.«

Tausend Jahre später haben Griechen unter Alexander dem Großen die Zeit auf ihn berechnet. Nach der dritten Generation eines Herrschers konnten die Menschen nichts mehr mit den alten Herrschern anfangen. Man wünschte sich ein anderes Zeitmessgerät. Das war die Geburtsstunde einer Art Ur-Uhr. Eine der ersten Uhren wurde in Ägypten gebaut. Es handelt sich um eine Wasseruhr. Bei einigem technischen Verständnis kann man nachvollziehen, wie der Mechanismus funktionierte. Wasser war das Medium, das weitere Funktionen auslöste. Eine solche Uhr sollte zuverlässig die Zeit anzeigen. In Griechenland gab es eine vergleichbare Konstruktion. Sie wurde Klepsydra = Wasserdiebin genannt (etwa 400 v.Chr.).[9]

Solche Wasseruhren gab es auch in Marokko. Der Vollständigkeit halber sei die Sonnenuhr erwähnt. Wie der Name schon sagt, funktionieren solche Uhren nur bei Sonnenschein. Wenn keine Sonne scheint, ist die Uhr wirkungslos. Solche Sonnenuhren waren beliebt. Es gab tolle Entwürfe in Stein und später in Metall.

• Die Uhr

Der Übergang von den Sonnen- und Wasser-Uhren geschah vom Altertum bis ins Mittelalter.

Dort begann die Erfindung des Räderwerks. Zunächst wurden die Zahnräder aus Holz, später aus Metall gefertigt. Das war eine wahre Sisyphusarbeit. Aber die Erfindung erwies sich als unabhängig von Königen, Kaisern und sonstigen Herrschern. Zeit war zwar noch immer Zeit, aber jetzt war sie unabhängig von der Umwelt, von Herrschern und von Gestirnen. Das ist die Geburtsstunde der heutigen Uhr. Die Technik wurde stets verfeinert. Es ging darum, genauere Uhren zu bauen. Die Zeit sollte zuverlässig angezeigt werden.

Das erste Räderwerk, das mit metallenen Gewichten arbeitete, die erste Uhr in unserem heutigen Verständnis, hatte ein Mönch namens Gerbert, der spätere Papst Silvester II., gebaut oder hat bauen lassen. Die Kombination von Räderwerk und Gewichten ist ein Novum in der Geschichte der Uhr. Die Entwicklung einer konstant erfassbaren Zeit hatte große Auswirkungen auf Kultur und Menschheit.

In Mailand wurde die erste Kirchturmuhr mit Schlagwerk gebaut. Das Ziffernblatt hatte den Tag in 4 mal 6 Stunden eingeteilt. Seeleute verrichteten ihre Arbeit in diesem Zeitrahmen. Die Zahl 24, die den vollen Tag ausmacht, ergibt sich durch

Multiplikation der Zahlen 4 mal 6. Die heute verwendete Zeiteinteilung in 60 Sekunden und 60 Minuten geht auf die Babylonier zurück. Es ist das Sexagesimalsystem.

Um 1550 n.Chr. gab es eine weitere Entwicklung. Das Nürnberger Ei wurde erfunden. Es handelt sich dabei um eine Taschenuhr mit Feder- und Räderwerk. Die ovale Form war der Namensgeber. Uhren wurden stets kleiner und liefen genauer.

Durch den Einsatz von genau anzeigenden Uhren, wurden sie von äußeren Einflüssen unabhängig. Jede Stadt und jede Kirche und jeder Bahnhof hat seine eigene Uhr. Reiche Leute, etwa Kaufleute (Fugger) oder sonstige Wohlhabende, kauften goldene Uhren, um damit zu prunken.

Der technische Werdegang der Uhr wurde laufend verfeinert und verbessert. Wenn es in Berlin 12 Uhr schlug, hatte Paris die gleiche Zeit. Die Uhren brachten Menschen und Völker näher zusammen. Fast möchte man sagen, die Einheit Europas begann mit der Uhr. In gewisser Weise wurden sogar Menschen vereinheitlicht. Tagein, tagaus richtet man sich nach der Uhr. Deshalb ist unsere Zeit von der Uhr nicht mehr wegzudenken. Die Uhr gestaltet den Tagesablauf und die Arbeitsabläufe.

Nicht wir beherrschen die Zeit, sie beherrscht uns!
Die Uhr erwies sich als eine Art Diktator.

Afrikaner haben keine Uhren, aber viel Zeit.
Wir haben Uhren aber keine Zeit. Den Afrikanern
spielt Zeit keine Rolle, sie ihnen fremd. Die Uhr,
die Hetze und die Eile erweisen sich als Trennung
zwischen Gemeinschaften. Vor 60 Jahren saßen
Männer nach der Arbeit auf einer Bank und aßen
Speck mit Brot und unterhielten sich. Das macht
man heute nicht mehr. Man sitzt zu Hause beim
Computer oder beim Smartphone.

• Arbeitszeit

Zeit ist das Maß, das zur Verrichtung einer Arbeit
erforderlich ist. Die Uhr ist auch hier der Anzeiger
für die Arbeitszeit. Der Mensch ist ein Getriebener
der Zeit. Er schaut mehrmals täglich auf die Uhr,
um zu wissen, wann die Arbeitszeit zu Ende geht.

Eine Stunde bleibt zwar immer noch eine Stunde, aber es wurde erwartet, dass man innerhalb
einer bestimmten Zeit mehr Arbeit verrichtete. Die
Formel lautete: Mehr Arbeit, mehr Gewinn. Dieses
Motto gilt bis heute. Daraus leitete sich der Spruch
ab: **Akkord ist Mord**. Der Satz dürfte bis heute
Gültigkeit haben. Welche menschlichen Schicksale
sich hinter dem Akkordlohn verbergen, will hier

nicht näher erläutern. Gut und Böse, Hass, Zorn,
Neid und Niedertracht, Bildung und Unbildung
spielten zu allen Zeiten eine Rolle.

Das war eine der trübsten Zeiten Europas. Daraus sind der Marxismus, der Sozialismus und die
Gewerkschaften entstanden. Etwa um 1980 wen-
dete sich das Blatt. Der Anlass war einmal mehr
die Uhrzeit. Es wurde eine schrittweise Änderung
von der 40- auf die 35-Woche eingeführt. Was die
Unternehmer vormachten, machten die Gewerkschaften nach. Man drehte an der Zeitschraube.
So wurde bei weniger Arbeitszeit die gleiche Entlohnung erzielt. Das konnte auf die Dauer nicht
gut gehen.

Die Kehrseite der Medaille: Es stand nicht die
gleiche Entlohnung gegenüber. Die Formel lautete:
Reiche werden reicher und Arme ärmer. Die Schul-
den der Bundesrepublik betragen zwei Billionen
Euro. Dem stehen 70 Billionen Privatvermögen gegenüber. Während die erwirtschafteten Gewinne
nicht selten ins Ausland transferiert wurden und
werden, standen sie dem heimischen Markt nicht
mehr zur Verfügung.

Wer arbeitslos wurde, konnte sich eine neue Arbeit suchen. Findet er keine, bleibt nur noch Hartz

IV. Sieht man diese Entwicklung im Zeitraffer, kommt es bei den Euro-Ländern zur Überschuldung. In den USA, in New York gibt es 7.000 Millionäre und 400.000 Obdachlose. Das meldete dpa:

»85 Reiche – Milliarden Arme. Die 85 reichsten Menschen der Welt hätten das gleiche Vermögen wie die Hälfte der armen Weltbevölkerung.«

• **Umweltverschmutzung**

Die Welt, die Natur wurden vom Allmächtigen geschaffen, deshalb sollte man damit sorgfältig umgehen. Einwegverpackungen werden einfach in die Natur geworfen oder im großen Stil ins Meer gekippt. Viele Autofahrer werfen Flaschen und Einwegverpackungen aus dem Fenster. Fische finden solche Flaschen und verschlucken sie. Sie sterben elend. Dann sieht man qualmende Industrieschlote. Während Urlaubsfahrten sind massenhaft Autos unterwegs. Bei Staus laufen Motoren weiter. »Fridays for Future« schweigt.

In Alaska, wo normalerweise Minusgrade herrschen, ist es warm geworden. Häuser, die auf Eis gebaut wurden, stürzen ein. Dramatische Lage am Nordpol. Es gibt kaum noch zusammenhängende Eismeere. Es gibt dünnes Eis mit Wasser vermischt. Täglich verpesten Menschen die Luft, verschmutzen die Meere, zerstören die Natur. Der Raubbau an unserer Umwelt ist ein schleichender, unaufhaltsamer Prozess.

Der zwischen Kasachstan und Usbekistan ehemals gelegene Aralsee war mit 68.000 Quadratkilometern Ausdehnung der viertgrößte See der Erde. Dann begann ab dem Jahr 1960 die zunehmende Austrocknung. Das ist eine größten vom Menschen verursachten Umweltkatastrophen. Vom See ist nicht mehr viel übrig geblieben. Das Wasservolumen ist um 90 Prozent zurückgegangen, die Uferlinien haben sich um rund 100 Kilometer verschoben, alte Schiffe liegen auf dem Trockenen, das ehemals fischreiche Gewässer gilt als biologisch tot. Schuld an der Austrocknung sind die seit 1960 entstandenen Städte. Sie brauchten Wasser für ihre Geschäfte.

Die langfristige Fortexistenz des Amazonas-Re genwalds im Anthropozän. (Der Begriff wurde 2002 von dem Nobelpreisträger für Chemie Paul Crutzen geprägt.) Alleine der brasilianische Regenwald schrumpfte nach Regierungsangaben durch Raubbau zwischen August 2017 und Juli 2018 um insgesamt 7900 km^2 Wald, was der Fläche von mehr als einer Million Fußballfeldern entspricht.

Mit 66 Millionen Tonnen pro Jahr ist Palmöl das meist produzierte Pflanzenöl. Inzwischen dehnen sich die Palmölplantagen weltweit auf mehr als 27 Millionen Hektar Land aus. Auf einer Fläche so groß wie Neuseeland mussten die Regenwälder, Mensch und Tier den »grünen Wüsten« weichen. Die Arbeiter werden ausgebeutet, um billige Ware zu produzieren.

Der Allmächtige ist das Schwebende, das Hauchende, das Fluidum. Irgendwie drängt sich der Eindruck auf, der Luftraum um die Erde wird vergiftet. Siehe auch qualmende Schornsteine und massenhafte Autos, die während der Urlaubsfahrten entstehen.

ANHANG A

WIEDERHOLUNG

»Jedem tiefen Naturforscher muss eine Art religiöses Gefühl nahe liegen, weil er sich nicht vorzustellen vermag, dass die ungemein feinen Zusammenhänge, die er erschaut, von ihm zum ersten Mal gedacht werden. Im unbegreiflichen Weltall offenbart sich eine grenzenlose Vernunft. Die gängige Meinung, ich sei Atheist, beruht auf einem großen Irrtum. Wer sie aus meinen wissenschaftlichen Theorien heraus liest, hat sie kaum begriffen. Er hat mich völlig missverstanden und erweist mir einen schlechten Dienst[...]. Ich glaube an einen persönlichen Gott, und ich kann mit gutem Gewissen sagen, dass ich niemals eine atheistische Weltanschauung gehuldigt habe. Schon als junger Student lehnte ich den wissenschaftlichen Standpunkt der achtziger Jahre ab, und ich betrachte Darwins, Haeckels und Huxleys Entwicklungslehren als hoffnungslos veraltet.« [4]

Albert Einstein (1879-1955)

A.1. Rückblick auf das erste Kapitel

- [Plato:] war Schüler des Sokrates, dessen Denken und Methode er in vielen seiner Werke schilderte. Die Vielseitigkeit seiner Begabungen und die Originalität seiner wegweisenden Leistungen als Denker und Schriftsteller machten Platon zu einer der bekanntesten und einflussreichsten Persönlichkeiten der Geistesgeschichte.

Platon hat die erste Philosophenschule in Griechenland gegründet. Das Höhlengleichnis stand vor den Blicken. Es ist eine Darstellung von Licht und Schatten.

- [Anselm von Canterury:] Anselm lebte von 1033-1109. Er wurde 76 Jahre alt. Sein Gebet hat Jahrhunderte überdauert. Er kleidet sein Gebet in folgende Worte:

> »Also, Herr, der Du die Glaubenseinsicht gibst, verleihe mir, dass ich, soweit Du es nützlich weißt, einsehe, dass Du bist, wie wir glauben, und das bist, über den nichts Größeres gedacht werden kann.«

- [Thomas von Aquin:] Thomas lebte von 1224-

1247. Er wurde nur 50 Jahre alt. Thomas gilt als
einer der einflussreichsten Philosophen und Theologen der Scholastik. Er zählte zu den großen
katholischen Kirchenlehrern. Es ging um »Glauben und Wissen«. Jeder Mensch begehrt zu wissen,
sagt Aristoteles, und Thomas macht sich diesen
Satz zu eigen. Er fragt nach der Kausalität zwischen Materie, Form und das Woher der Bewegung
und den Zweck. Thomas folgert: Alles, was ist, beruht auf einer Bewegung. Es gibt nichts in der
Welt, was ohne Bewegung wäre. Das heißen alle
Gott.

**»Weltliche Dinge muss man erkennen, damit man
sie lieben kann. Göttliche Dinge muss man lieben,
damit man sie erkennen kann.«**

Blaise Pascal geboren 1623, gestorben August 1662

• [Blaise Pascal:] Sein Satz vom Gottesbeweis
ist ein häufig zitierter:

>»Wenn Du an Gott glaubst, aber Gott exis-
>tiert nicht, so verlierst Du nichts - aber wenn
>Du nicht an Gott glaubst, und Gott existiert,
>so wirst Du in die Hölle geworfen. Deswegen
>ist es dumm, nicht an Gott zu glauben.«

Diese Aussage gilt als teleologischer Gottesbeweis. Einer der bekanntesten deutschen Philosophen, ist Friedrich Nietzsche. Er schrieb: »Pascal, den ich beinahe liebe, weil er mich unendlich belehrt hat - der einzig logische Christ.«

• [Baruch de Spinoza:] Der Philosoph lebte von 1632 bis 1677, portugiesisch **Bento de Espinosa**, latinisiert **Benedictus de Spinoza**. Er war jüdischer Herkunft, Seine Eltern lebten in Portugal und zogen nach Amsterdam, wo Baruch im Judenviertel geboren wurde. Acht Tage später, nach der Beschneidung, bekam er den Namen **Baruch**. Der biblische Baruch war der Schreiber des Propheten Jeremia (Jeremia 45).

Sein Vater starb 1654. Baruch musste als Ältester der Söhne die Handelsgeschäfte weiterführen. Zu dieser Zeit entdeckte er bei sich einen Widerspruchsgeist. Etwa zur gleichen Zeit kam er mit einer mennonitischen Gemeinde zusammen. Dort lernte Baruch Latein. Der Einfluss auf den jungen Baruch war beachtlich. Als er seine Verteidigungsschrift nicht in Jüdisch, sondern in Latein verfasste, musste er auf Betreiben der jüdischen Rabbiner Amsterdam zeitweise verlassen. Wegen dieser Vorfälle vertrat Spinoza bibel- und religionskritische Ansichten. Er konnte sich von der jüdischen Religion nicht gänzlich lossagen.

- [John Locke:] Der Philosoph lebte von 1632 und starb im Oktober 1704. Er war englischer Arzt sowie einflussreicher Philosoph und Vordenker der Aufklärung.

Locke gilt allgemein als Vater des Liberalismus. Er ist zusammen mit Isaac Newton und David Hume der Hauptvertreter des britischen Empirismus. Des Weiteren ist er neben Thomas Hobbes (1588-1679) und Jean-Jacques Rousseau (1718-1778) einer der bedeutendsten Vertragstheoretiker im frühen Zeitalter der Aufklärung. Er führt aus:

Alle Ideen (ideas), bzw. die Bewusstseinsinhalte und schließlich das, womit sich der menschliche Geist beschäftigt und ausdrückt, das stammt aus der Erfahrung. Diese Erfahrung, (sensation), nimmt zunächst die Eindrücke von seinen Eltern auf. Ohne Erziehung gibt es keine Erkenntnis. Jeder erwachsene Mensch reflektiert seine Gedanken von seinen Eltern. Daraus resultiert das, was wir Menschen nennen. Das Erlernen der Sprache macht den Menschen zum Menschen.

- [Immanuel Kant:] war ein deutscher Philosoph. Er stammte aus einem evangelischen Haus.

Sonntags ging es immer in den evangelischen
Gottesdienst, was ihn prägte. Kant hatte ein ge-
spanntes Verhältnis zu Gott. Von seinem Aussehen
her war er ein sensibler Mensch. Er stammte aus
Königsberg, dem heutigen Kaliningrad. Seine Lebenszeit reichte von 1724-1804. Kante wurde 80
Jahre alt.

Die philosophische Denkrichtung nannte man
später deutsche Aufklärung. Er hat mehrere Bücher geschrieben, bei der es um Vernunft ging.

Es gibt zu Kant mehrere Merksprüche:

- Denn wenn Gott zum Menschen wirklich
  spräche, so kann dieser doch niemals wissen,
  dass es Gott sei, der zu ihm spricht.
- Sapere Aude! Habe Mut, dich deines eigenen
  Verstandes zu bedienen!
- Zwei Dinge erfüllen das Gemüt mit immer
  neuer und zunehmender Bewunderung und
  Ehrfurcht, je öfter und anhaltender sich das
  Nachdenken damit beschäftigt: Der bestirnte
  Himmel über mir, und das moralische Gesetz
  in mir.
- Ich habe in meinem Leben viele kluge und
  gute Bücher gelesen. Aber ich habe in ihnen
  allen nichts gefunden, was mein Herz so still

und froh gemacht hätte, wie die vier Worte aus dem 23.Psalm: «Du bist bei mir.»

- [Søren Kierkegaard:] Der dänische Philosoph lebte von 1813 bis 1855. Er wurde nur 42 Jahre alt. Kierkegaards Vater, Mikael, zeugte sieben Kinder. Von diesen überlebten nur zwei. So fragte sich der Vater sein ganzes Leben lang, warum die Strafe Gottes auf ihn lastete. Er fand keine Antwort. Er grübelte und wurde darüber depressiv. Zudem galt er als introvertiert. Bekannte Dichter damaligen Zeit waren Hans Christian Andersen und der Branchenkollege Christian Jörgensen Thomsen. Dieser war Sekretär der Königlichen Altertumskommission.

Kierkegaards Philosophie war geprägt von Gegensätzen. Er hatte kein philosophisches System hinterlassen. Seine Aphorismen fanden weite Verbreitung. Seine Aufsätze waren von einer Innerlichkeit, die seinen Seelenzustand offen legte. Sein erstes Werk hieß »Entweder – Oder«. Dann folgte »Furcht und Zittern – eine dialektische Lyrik«. Ein weiteres Werk trug den Titel »Der Begriff der Angst«. Einer der letzten Aufsätze lautete »Einübung in das Christentum«.

- [Jean Guitton:] Der Physiker Igor Bogdanov[1]

schreibt auf Seite 74 folgende bemerkenswerte
Sätze:

»Es ist richtig, dass die Wahrscheinlichkeits-
rechnung für ein geordnetes, minutiös ge-
regeltes Universum spricht, dessen Existenz
nicht dem Zufall zu verdanken sein kann.
Zwar haben uns die Mathematiker noch
nicht ganze Geschichte des Zufalls erzählt:
Sie wissen nicht einmal, was das ist. Aber
sie haben mit Hilfe von Rechnern, die Zu-
fallszahlen erzeugen, bestimmte Experimente durchführen können. Anhand einer von
den numerischen Lösungen algebraischer
Gleichungen abgeleiteten Regel hat man *Zufall produzierende Maschinen* programmiert.
Hier weisen die Wahrscheinlichkeitsgesetze
darauf hin, dass diese Rechner Milliarden
mal Milliarden mal Milliarden Jahre, das
heißt eine nahezu unendlich lange Zeit rechnen müssten, bevor eine Kombination von
Zahlen vergleichbar denen auftauchen kann,
die die Entstehung des Universums und des
Lebens ermöglicht haben. Anders gesagt,
die mathematische Wahrscheinlichkeit, dass

das Universum durch Zufall hervorgebracht wurde, ist praktisch gleich Null.«

A.2. Rückblick auf das zweite Kapitel

Das zweite Kapitel zusammenzufassen, ist nicht einfach. Viele Informationen strömten auf den Leser ein. Eine Kurzfassung.

1. **Im Anfang schuf Gott Himmel und Erde**
2. **Der Himmel ist oben, die Erde ist unten**
3. **Alle Körper drehen sich, sie rotieren**
4. **Bei der Rotation entsteht Reibung**
5. **Das Ergebnis ist das Staub-Sand-Gemisch**
6. **Wir atmen das ein**
7. **Alles Leben ist Bewegung**
8. **Das ist der Beweis für das Leben**
9. **Durch Hinzunahme von Körper, Zeit (Geist) wurde die Welt geschaffen**
10. **Kein Körper kann ohne Zeit und Geist bestehen**
11. **Würde es keine Zeit geben, gibt es keine Körper (und umgekehrt)**

Alles Irdische ist sichtbar. Der HERR, der im

Luftraum schwebt, ist unsichtbar. Der Himmel ist oben ist und die Erde unten. Alle Erden, Sterne und Planeten rotieren. So entsteht die Luft und das Licht. Das Ergebnis ist das Staub-Sand-Gemisch. Es braucht jetzt nur noch die Elemente Sonne, Wind und Zeit, schon werden die Zutaten gemischt. Das ist der Zeit-, Luft- und Licht und Lebensraum. Der Atemraum entsteht aus schwebender Luftpartikel. Das ist das Leben. Man sollte mit Begriffen "Weltraum" vorsichtig umgehen. Dieser Begriff kennzeichnet eine Begrenzung. Es gibt eine Hobbyraum, Kellerraum, Wohnraum, Wirtschaftsraum und eine Vielzahl anderer Räume. Also ist der Weltraum eine Raum eingeschlossene Welt.

Es gibt Radio-, Funk- und Fernsehwellen. Die Technik beruht auf Sender und Empfänger. Durch das Staub-Sand-Gemisch gibt es ein Reden und ein Hören. Der Atem, die Sprache, geschieht auf der Basis der Bewegung der Zeit- Luft-Partikel. Das Sprach- und Hörvermögen wurde uns gegeben.

Es wurde die Frage nach dem Anfang der Welt gestellt. Es gibt zwei unterschiedliche Theorien. Die eine spricht vom Urknall (Big Bang). Es sei innerhalb einer billionstel Sekunde aus einem unendlich kleinen Punkt von unvorstellbaren Energiedichte und Temperaturen; das sei die Basis für die heutige Welt. Allerdings schafft Materie keinen Geist. Die Welt ist geistigen Ursprung. Den Geist kann man nicht schaffen, wiegen oder messen.

Die andere Theorie stammt von der Bibel: »Im Anfang war das Logos und das Logos war der Ewige.« Der Geist schafft die Welt. Und Geist schafft Materie. Die Welt war schon immer da, nur die Verhältnisse ändern sich.

Zum Begriff der Zeit

Alle Dinge sind sichtbar, die Zeit aber nicht. Es wurden Uhren gebaut, um die Zeit anzuzeigen. Die Zeiger der alten Uhren drehten sich im Kreis.

Die ersten Uhren wurden von Wasser und von der Sonne gesteuert. Dann erfand man das Räderwerk. Bis zur komfortablen Uhr, dem Nürnberger Ei, waren Hunderte von Jahren vergangen. Heute werden Uhren von Batterien gesteuert. Da alle Völker und Nationen der westlichen Welt von der Uhrzeit abhängig sind, der Afrikaner aber keine Uhrzeit kennt, arbeiten sie von Morgens bis Abends solange, bis der Tag sich neigt.

Ein biblisch geprägter Zeitrahmen:

Genesis 5,1-5:

»Das ist die Liste der Geschlechterfolge nach Adam: Am Tag, da Gott den Menschen erschuf, machte er ihn Gott ähnlich. Als Mann und Frau erschuf er sie, er segnete sie und nannte sie Mensch an dem Tag, da sie erschaffen wurden. Adam war hundertdreißig Jahre alt, da zeugte er einen Sohn, der ihm ähnlich war, wie sein Abbild, und nannte ihn Set. Nach der Geburt Sets lebte Adam noch achthundert Jahre und zeugte Söhne und Töchter. Die gesamte Lebenszeit Adams betrug neunhundertdreißig[1] Jahre, dann starb er.« die Ursache. Das Älterwerden ist nicht das Ergebnis von Sünde. Der Tod ist das Ergebnis vom Fließen und Vergehen der Zeit.

Nota bene

Ich sitze im Garten auf einer Bank und beobachte das Treiben. Es ist erstaunlich, was es alles zu sehen gibt. Hummeln, Wespen und Bienen schwirren um Lavendel-Büsche. Keines dieser Tiere verweilt länger als ein paar Sekunden auf den Sträuchern.

---

[1] 9+3=12

Es gibt Marienkäfer zu sehen. Auch sie sind in dauernder Bewegung. Sie fressen Blattläuse, Insekten und sonstige kleinen Tierchen. Ameisen sind zu sehen. Sie unterliegen einer strengen Ordnung. Davon gibt es unzählige Arbeiter, Polizisten, Bürgermeister, Ärzte und sogar eine Königin. Nach dem Sehen, öffne ich mein Ohr. Zwei Vögel fliegen um die Wette. Sie steigen hoch, bleiben einen Moment stehen, wobei die Flügel in dauernder Bewegung flattern; sie singen ihr Lied. Sind es Männchen und Weibchen, die sich begrüßen und paaren wollen? Kaum sind sie im Garten angekommen, fliegen sie hinüber zu Nachbars Büsche. Alles ist in dauernder Bewegung. Dann aber höre ich einen Ton, den ich noch nie gehört habe. Er nahm an Lautstärke zu, verweilte einen Augenblick, ein Schwingen der Luft. Knisternde Stille – es ist der HERR!

KAPITEL 3

ABBILDUNGSVERZEICHNIS

SACHVERZEICHNIS

BIBELSTELLENVERZEICHNIS

HINWEISVERZEICHNIS

KAPITEL 4

LITERATURVERZEICHNIS

[1] Jean Guitton, Grischka und Igor Bogdanov. *Gott und die Wissenschaft*. Artemis und Winkler Verlag, 1993. ISBN: 3-7608-1900-1.

[2] Stephen Hawking. *Eine kurze Geschichte der Zeit*. Übers. Hainer Kober. Rowohlt Taschenbuch, 19.Auflage 2018. ISBN: 978-3-499-626600-5.

[3] Johannes Hirschberger. *Geschichte der Philosophie; zwei Bände*. Komet. Herder, Breisgau, 1952. ISBN: 3-933366-00-3.

[4] Kai-Uwe Kolrep. *Schöpfung oder Evolution*. Dillenburg: Christliche Verlagsgesellschaft, 2007. ISBN: 978-3-89436-539-4.

[5]   Robert Laughlin. *Urknall-Theorie – nichts als Marketing*. Perspektive, Juli, 2008, S. 13. DOI: 1616-9182.

[6]   Simon (Hrsg.) Lutz. *Wissenschaft Contra Gott. Glauben in einem atheistischen Umfeld*. Holzgerlingen: Hänssler Verlag, 2007. ISBN: 978-3-7751-4604-3.

[7]   W.H.Ritter, R.Feldmeier, W.Schoberth und G.Altner. *Der Allmächtige. Annäherung an ein umstrittenes Gottesprädikat*. Göttingen: Vandenhoeck und Ruprecht, 1997, S. 68–82. ISBN: 9783525613528.

[8]   Ehregott Wasianski. *Zuhaus bei Kant*. Berlin: Semele Verlag, 2006. ISBN: 3-938869-03-8.

[9]   Wikipedia, Hrsg. *Onlinelexikon*. 2014. URL: www.wikipedia.de.